In The Light Of The Sun

A Witness

Books By Douglas W Anderson
Libros por Douglas W Anderson

A Promise — Poems
Una Promesa — Poemas

Douglas W Anderson

In The Light Of The Sun

A Witness

Poems

A la Luz del Sol

Un Testigo

Poemas

Spanish Language Translation / Traducción al español
Ivan Mancinelli — Franconi, PhD

Quaking Aspen Press
Sunriver, Oregon

First published 2017 by Quaking Aspen Press www.quakingaspenpress.com

In The Light Of The Sun — A Witness — Poetry / English with Spanish Translation.

Excerpt of one line from "The Spirit Of Poetry" from LONGFELLOW POEMS AND OTHER WRITINGS, Ed., J.D. McClatchy. © 2000 by The Library Of America. Public Domain.

Cover Photograph by Luis Flores — Unsplash

Book Cover Design by Lieve Maas — Bright Light Graphics

Book Layout by Daniela Cosovic

Back Cover Photograph by Gerald Tanner MD — Peru

Printed in the United States of America

ISBN 978-1-7336226-0-8

For Emily, Jon, Autumn, Erik, Jackson, and Alma

*So often I return to the morning door you opened for us, and
sense the transcendent sentiment of inner freedom, without limits.*

Douglas W Anderson

*Tan a menudo regreso a la puerta matinal que nos abriste, y presiento el
sentimiento transcendente de la libertad interna sin límites.*

Douglas W Anderson

Contents / Índice

Acknowledgment

Many people have influenced the writing of this book. Without them, I would have no one to acknowledge whom I learned my most valuable lessons from, or who helped my deep personal sense of need to write. These poems are edited but not critiqued. That is for someone else to interpret in a broader sense. My editor Graham Hicks was someone who told me the truth, uncompromising, unabashed. He ironed out the gray steel punctuation and helped my syntax so these thoughts would have structure.

Emily Stebbins MD and Erik Anderson MD helped place in perspective those life moments we all question within ourselves, and advised me over coffee many times. My wife, paralyzed, steadfast, and without fear, has always been my inspiration. Her countenance, amazingly uplifting, is a mirror to anyone who has the courage to look upon it. I derive my life force from her.

Working with Dr. Ivan Mancinelli — Franconi* over a period of months, to translate the text into the Spanish language, has been a true collaborative effort. We tested the measure of many thoughts between the English and Spanish expressions over time, to reflect on the final translation. Many of us are confined to our time and culture in the expression and meaning of our thoughts. This is where problems begin, not end. We have attempted to work beyond these confines in a discursive associative process, not a dialectical one.

Thank you to those whom I passed along the way. Whether you know it or not, I tried to leave some of my heart with you so fond memories could grow and ease our pain of living.

Douglas W Anderson
February, 2017

Agradecimientos

Muchos han influido en la escritura de este libro. Sin ellos no tendría a nadie para reconocer que de ellos aprendí las lecciones más valiosas o que ellos contribuyeron a crear esa profunda necesidad personal de escribir. Estos poemas editados, pero sin aún haber recibido crítica, son para que los demás los interpreten en su más amplio sentido. Mi editor Graham Hicks fue una persona que siempre me dijo la verdad, sin concesiones, sin reparo. Allanó la puntuación de acero grisáceo y me asistió con la sintaxis para que estos pensamientos tuvieran estructura.

Emily Stebbins MD y Erik Anderson MD me ayudaron a poner en perspectiva aquellos momentos de la vida que todos cuestionamos dentro de nosotros mismos, y me aconsejaron con café en mano muchas veces. Mi esposa, paralizada, firme y sin miedo, siempre ha sido mi inspiración. Su semblante, asombrosamente alentador, es un espejo para cualquiera que tenga el coraje de ver su reflejo en el. De ella derivo mi fuerza para vivir o para enfrentar la vida.

Ha sido un verdadero esfuerzo de colaboración, trabajar con el Dr. Ivan Mancinelli — Franconi* por un periodo de meses para traducir el texto al idioma español. Sometimos a prueba, a lo largo del tiempo, muchos pensamientos sobre las diferencias entre las expresiones inglesas y españolas para que se reflejaran en la traducción final.

Muchos de nosotros nos limitamos a nuestro tiempo y cultura en la expresión y el significado de nuestros pensamientos. Es aquí donde los problemas comienzan, no terminan. Hemos intentado trabajar más allá de estos límites en un proceso asociativo discursivo, no una dialéctica.

Gracias a todos los que encontré a lo largo del camino, a quienes, lo sepan o no, he intentado dejarles algo de mi corazón para que los gratos recuerdos crezcan y alivien el dolor de nuestro vivir.

Douglas W Anderson
febrero, 2017

Kausay Wasi

Each morning we, confident-ready to go, arrive,
to practice our skill after many years of training and sense,
amidst a people of beauty, stoicism, alive,
with much pride for whom they are, especially innocence.

Children surround us with laugh and play
excited, smiling, sensing who we are,
to walk with us and match our steps along the way,
and the adults greet us with curiosity, eyes twinkling like a star.

They come to us out of desperation, many,
straight out of the jungle near Bolivia, walking,
and none who come with a family have a penny,
all shy, some afraid, while about their regard we are talking.

We are filled with expectations and emotions,
feeling the pain of our own limits to improve,
but we try our professional magic potions,
in a manner, careful to not show a reprove.

We have neglected helping our fellow man,
many do not realize this, and is not for them a life goal,
and surely will never be affected by an outstretched hand,
but we will be, with a sense of duty in our soul.

Rain purifies the dust, stops for a while
just a little of the infection of poverty and sore,
freshens the face and repatriates the smile
over a countenance a thousand years old or more.

Hands clasped in greeting, eyes the only impression,
smiling, squeezing the arm muscles of the littlest boy,
an arm around mom, pregnant and shy, no expression,
papa stoic as always, but very proud of his children's joy.

Kausay Wasi

Cada mañana, nosotros los confiados-listos, llegamos
a practicar nuestro arte después de muchos años de formación y experiencias
en medio de un pueblo bello, estoico, vivo con mucho orgullo por lo que son,
sobre todo la inocencia.

Los niños nos rodean de risa y juego
alborotados, sonríen y adivinan quiénes somos,
para caminar con nosotros y emparejar nuestros pasos por el camino,
y los adultos nos saludan con curiosidad, ojos centelleando como estrellas.

Vienen a nosotros por desesperación, muchos,
directamente de la selva cerca de Bolivia, caminando,
y ninguno de ellos acompañados de su familia trae centavo alguno,
todos tímidos, algunos temerosos mientras de su estado hablamos.

Nosotros, llenos de esperanza y emociones,
sintiendo el dolor de nuestras limitaciones para mejorar
pero probamos nuestras pociones profesionales mágicas
de manera cuidadosa para no exhibir un reproche.

Nos hemos descuidado en ayudar a nuestro prójimo,
muchos no se dan cuenta de esto, y no es para ellos la meta en su vida,
y seguramente nunca les afectará una mano tendida,
pero a nosotros sí, con un sentido de deber en nuestra alma.

La lluvia purifica el polvo, detiene por un rato
sólo un poco de la infección de la pobreza y el dolor,
refresca la cara y devuelve la sonrisa
a un semblante de mil años o más.

Las manos unidas en saludo, los ojos la única impresión,
sonriendo, apretando los músculos del brazo del niño más pequeño,
un brazo alrededor de mamá, embarazada y tímida, sin expresión,
papá estoico como siempre, pero muy orgulloso de la alegría de sus hijos.

And the dogs, oh you should see the dogs, some moaners,
some pure bred, no, better yet, highbred like the pound,
some rascals, but always obeying their owners,
and some just have the doldrums and lie around.

In the clinic sitting, neatly on each side,
in a row, the children have arrived some in tow,
others in a chigua that can be slung forward to hide
the little brown head that pops up to breast feed on the go.

Each time I do something then stop, look, and smile,
the children too stop, look to see what my next move will be,
waiting, anticipating, holding their breath, wondering a while,
to see if what I do next is a playful opportunity.

The serious side of all this organized commotion,
is to operate and treat congenital facial deforms,
where Tom, Brian, Ben, Paul and Matt repair and suture with thought and
    notion,
so the children who are made normal can grow with norms.

Never let there be enough said about the merciful sleep with no pain,
and the people who provide such miracles, Grace, Kendall, Doug and Jerry,
to the little children whose stillness and silent surrender unto Halothane,
coursing through old pipes and tubes, at times, make things far from
    ordinary.

And the nurses, we should never forget the nurses,
in rooms circulating and scrubbed, Vicky, Molly, Jackie and Gay,
expert and very professional (without them the doctors would have no
    purses).
Also, recovery and pre-op, what better two people to work with than Jennifer
    and Kay?

We hurry through small rooms, with doors and windows of opaque,
carefully opening and closing them dispensing our duties with passion.
There are two forms in the center of a small sterilization intake,
Alisha and Cindy dressed in the latest purified smock fashion.

Y los perros, oh debería ver los perros, algunos quejones,
algunos de pura raza, no, mejor aún, de fina camada como la perrera,
algunos bribones, pero siempre obedeciendo a sus amos,
y algunos sólo están abatidos y yacen recostados.

En la clínica, sentados, muy ordenados a cada lado,
en fila, los niños han llegado, algunos a cuestas,
otros en una chigua que se puede poner hacia el frente para ocultar
la cabecita marrón que se asoma para amamantar por el camino.

Cada vez que hago algo y luego me detengo, miro y sonrío,
los niños también se detienen, miran para ver cuál será mi siguiente
    movimiento,
esperan, anticipan, contienen su respiración, piensan un rato,
a ver si lo que voy a hacer a continuación es una oportunidad para el
    jugueteo.

El lado serio de todo este alboroto organizado
es operar y tratar deformaciones faciales congénitas,
donde Tom, Brian, Ben, Paul y Matt reparan y suturan tomando en cuenta,
que los niños que se hacen normales crezcan con normas.

Que nunca se haya dicho lo suficiente sobre el sueño misericordioso sin dolor
y las personas que proporcionan tales milagros, Grace, Kendall, Doug y
Jerry, a los niños cuya quietud y silencio se sucumben al halotano
que corre a través de viejas cañerías y tubos que a veces hace que
    las cosas parezcan fuera de lo común.

Y las enfermeras, no debemos nunca olvidar a las enfermeras,
en salas circulando y refregadas, Vicky, Molly, Jackie y a Gay,
expertas y muy profesionales (sin ellas los médicos no tendrían carteras).
También recuperación y preoperatorio, ¿Con quiénes mejor para trabajar
    que Jennifer y Kay?

Apresurados atravesamos salitas, todas con puertas y ventanas opacas,
cuidadosamente las abrimos y cerramos, cumpliendo con nuestros deberes
    con pasión.
Hay dos figuras en el centro de una pequeña entrada de esterilización,
Alisha y Cindy vestidas con uniforme purificado de última moda.

Our benefactors, Sandy and Guido Del Prado of Coya, Peru,
who are the Kausay Wasi Health Clinic, helped us give
to those who have nothing, and are just a few
of those, with our skill, we can help to be active.

Our energy was considerable upon arriving, like a silent storm,
descending on this little clinic whose inhabitants were tranquil.
Our work finished, we stopped for a picture looking haggard in form,
having plied our sleep and surgery skills, trying to be merciful.

Nuestros benefactores, Sandy y Guido Del Prado de Coya, Perú
que son la Clínica de Salud Kausay Wasi, nos ayudaron a dar
a aquellos que no tienen nada y son sólo unos de los pocos con nuestra
habilidad que podemos ayudar a ser activos.

Nuestra energía era considerable al llegar, como una tormenta silenciosa,
que descendía sobre esta pequeña clínica cuyos habitantes
    estaban tranquilos.
Con nuestro trabajo terminado, paramos para tomarnos una foto luciendo un
    aspecto demacrado,
trasnochados después de haber ejercido nuestras habilidades quirúrgicas,
    tratando de ser misericordiosos.

Belief

When the sun sets you will have made your decision, won't you?
You will have confronted what the rest of us have already!

It's OK, we felt fear once too, but you are among friends now.
Your beliefs will not be shattered or proven or disproven in any particular
    way.

What you believe in, though, is not what I believe in.
But you have a belief, and that is what is important.

If your myth is to live your bliss for now, that is fine.
I do not have a belief.

I am still trying to find one.

I always thought I would never see what Dostoyevsky saw,
Now I am sitting next to him, and I see things.

It took many years to see, you know.
In spite of all the words and actions,

I still do not know what is on the other side.
Many claim to. I claim not to,

even though I feel schizophrenia is part of us all,
inside, that is.

And denial too, well, many do believe
there is no antecedent to "In the beginning..."

Creencia

Cuando se ponga el sol ya habrás tomado tu decisión, ¿no?
¡Ya habrás enfrentado lo que el resto de nosotros ya ha hecho!

Está bien, nosotros también sentimos miedo una vez, pero ahora estás entre
    amigos.
Tus creencias no serán destrozadas o comprobadas o refutadas en ninguna
    manera en particular.

Lo que crees, sin embargo, no es lo que yo creo.
Pero tienes una creencia, y eso es lo importante.

Si tu mito es vivir tu felicidad por ahora, está bien.
No tengo creencia.

Todavía estoy en pos de una.

Siempre pensé que nunca vería lo que vio Dostoievski,
Ahora estoy sentado junto a él, y veo cosas.

Tomó muchos años para ver, sabes.
A pesar de todas las palabras y acciones,

Todavía no sé lo que yace al otro lado.
Muchos pretenden saber. Yo pretendo no saber,

a pesar de que pienso que la esquizofrenia es parte de todos nosotros,
o sea en nuestro interior

Y el negar también, bueno, muchos creen que en realidad
no existe ningún antecedente a "En el principio..."

Return To The Canyon

Among the slow moving, sweeping
cloud forms across the sky so blue,
your countenance, for a moment peeping
from behind the billows' off white hue,
appears to smile and show me favor so lovely.
In my imagination, seeing you,
a changing image by a wind so heavenly,
it caresses the moment like the flowers' morning dew.

The scene springs forth good memories,
and I wonder where you are today,
dreaming you are looking down on me in harmony
from the sky, sitting in my chair watching time pass away,
and imagining your gentleness touching the river,
quietly flowing past my cabin's shore mark without say,
sensing deep within my body a shiver,
hoping you still confess love, as I do, to this day.

Viewing the warm sky's North, over the swaying poplar trees,
their leaves betraying a reflection of the South sun's measure,
remembering a temperate time within me,
I sensed you over my body, taut and sculpted for your pleasure,
never losing hope for your favor forever,
as you nurtured every single sinew you could see,
a caressing, that would rise to each clever
touching of your hands' unlocking keys.

The wide canyon accepted us without fear.
We reeled from a time so secure and steady,
having passed in life wishing to be so near.
Yes, for each other we were ready.
The only visions I have of you now are dreams
and imagination centered in my heart that hears
your voice in the cloud streams.
They tell me about you; the wind and tears.

Regreso al cañón

Entre el lento desplazamiento,
de las formas de nubes que corren a través del cielo tan azul,
tu semblante, que por un momento se asoma
detrás de las nubes blanquecinas,
parece sonreír y mostrarme ese favor tan encantador.
En mi imaginación, al verte,
una imagen que cambia por un viento tan celestial,
acaricia el momento como el rocío matutino a las flores.

La escena evoca buenos recuerdos,
y me pregunto dónde estás hoy,
soñando que me estás mirando hacia abajo en armonía
desde el cielo, sentado en mi silla viendo el tiempo pasar,
e imaginándome tu dulzura tocar el río,
que callado corre traspasando la huella de la orilla de mi cabaña en silencio
sintiendo profundamente dentro de mi cuerpo un temblor,
esperando que aun confieses el amor, como yo, hasta el día de hoy.

Al ver el cálido norte del cielo, sobre los álamos cimbreantes,
sus hojas traicionando un reflejo de la medida del Sol del sur,
recordando un tiempo templado dentro de mí,
Te sentí sobre mi cuerpo, tenso y esculpido para tu placer,
nunca perdiendo la esperanza de tu favor eterno,
como tú nutrías cada tendón que podías ver,
una caricia, que se alzaría con cada ingenioso
toque de las llaves desencadenadoras de tus manos.

El ancho cañón nos aceptó sin miedo.
Tambaleamos de un tiempo tan seguro y estable,
habiendo pasado por la vida deseando juntos.
Sí, el uno para el otro estábamos listos.
Las únicas imágenes que tengo de ti ahora son sueños
y la imaginación centrada en mi corazón que escucha
tu voz en los raudales de la nube.
Me cuentan sobre ti; el viento y las lágrimas.

Epitaph

There are shadows in the hills now,
no sense of time in the canyon either,
only Earth, Life and perhaps a past;
some tears that flowed into the river,
moving to the sea, a great dilution, washing over,
cleansing the sands and ash we eventually become.

Epitafio

Ahora, hay sombras en las colinas,
tampoco hay percepción del tiempo en el cañón,
sólo Tierra, Vida y tal vez un pasado;
algunas lágrimas que desembocaban en el río,
al moverse hacia el mar, una gran dilución, lavando,
limpiando las arenas y ceniza en las que al final nos convertimos.

Guilt

The thought has been struck and the deed is done.
Now come the acts of guilt to purify the thoughts and deeds.

Truthfully, these acts cause life's cremation and
ashen burial, deep in the bleached soil of sterility,

where the hearts of those afflicted are, without passion,
neutered by selfish narcissistic behavior.

At least that's how it seems
when they are forced to apologize.

Denial is what they do for themselves.
Some cannot get away from it,

certainly not fast enough,
that a pen could not write the tale.

Culpabilidad

Se ha forjado el pensamiento y la obra se ha realizado.
Ahora vienen los actos de culpabilidad para purificar los pensamientos y los
    hechos.

Sinceramente, estos actos causan la cremación de la vida y
y el entierro de cenizas, en lo profundo del suelo blanqueado de esterilidad,

donde se encuentran los corazones de los afligidos, sin pasión,
capados por el comportamiento de narcisistas y egoístas.

Al menos es así como parece
cuando se ven obligados a disculparse.

No admitir es lo que hacen por sí mismos.
Algunos no pueden arrancarse,

con la suficiente rapidez, indudablemente,
para que una pluma no pueda escribir el cuento.

Gold

Have you ever looked into the eyes
of someone looking at the luster of gold,
coveting the sheen, feeling the lure,
a rounded savored smooth lump,
solidified in a charcoal block, before
a lustrated smile of alluring, imaginary desire,
rises out of the giggly blob, hot under the flame,
luminescent orange, a radiance, metamorphosing
into a cool compelling gold color?
Yes, covet with adolescent behavior and adult intelligence,
cunning, clever, captivating, even denying
good behavior in the most educated,
who are comforted and are unaware of any
witness to their behavior and immature stealth.
No dispassion or reason will prevail
over the behavior of possession and denial
that the alchemist's recipe is still possible,
or so we think in those few moments of looking.

Oro

Has alguna vez observado los ojos
de alguien que mira el brillo del oro,
codiciando su resplandor, sintiendo su atracción,
un bulto saboreado redondo y suave,
solidificado en un bloque de carbón, antes
de que una sonrisa lustrosa y seductora del deseo imaginario,
emerja de una masa risueña, ardiente bajo la llama,
naranja luminiscente, un resplandor, se convierta
en un frío y convincente color de oro?
Sí, codicia como un adolescente con inteligencia de adulto,
astuto, ingenioso, cautivador, incluso negando
el buen comportamiento de los más educados,
que se consuelan y no están conscientes de
ningún testigo de su conducta y sigilo inmaduro.
No vencerá la falta de pasión ni la razón
sobre la posesión y la negativa
que la formula del alquimista todavía es posible,
o así creemos en aquellos raros momentos de escrutinio.

Crimson Memory

We have come to a close now.
The dusk ends with the night's dew.
It settles and calms the soul, like a vow,
pure, moist, bearing fruit for me and you.

The vow we said in a moment of passion,
lying beneath the night stars, speaking of mysteries,
as the faint alpenglow in the night's soft fashion
absorbed into silence our words of love and histories.

Perhaps a new light will form again,
when our souls, in a larger power, another age,
will fulfill a fate or destiny, to begin

a sentient crimson memory, with intimate flowers,
a honey taste, the sweet smell of paintbrush and sage,
in nature's time, never counting the hours.

Memoria carmesí

Hemos llegado al final ahora.
El anochecer termina con el rocío nocturno.
Se asienta y calma al alma, como una promesa,
pura, húmeda, con oferta de frutos para mí y para ti.

La promesa que hicimos en un momento de pasión,
tendidos bajo las estrellas de la noche, hablando de misterios,
como el tenue rosicler de los Alpes en el suave modo nocturnal
que absorbió en el silencio nuestras palabras de amor e historia.

Tal vez una luz nueva se forme,
cuando nuestras almas, bajo una fuerza superior, en otra era
cumplirán su sino o destino, para comenzar

un recuerdo sensible y carmesí, con flores íntimas,
un sabor a miel, el olor dulce de la Castilleja y la Salvia,
en tiempo de la naturaleza, nunca contando las horas.

Jar of Honey

Along came men with no moral compass, no pride,
the pull of the magnet never felt in their stride.
Their needle spins continually,
and stops with convenience, seemingly to guide.

No one can match their number of wins,
always secret, ever pushing upward, their rising dorsal fins.
They surface to self-delusional watery power.
Who notices or can stop the slip of their whims?

These are some of the physicians of our institutions today,
ranking themselves with our tax dollars to say,
I am one, two, or three in the country, of peers.
In the end we pay for their play.

We accept those with such degrees,
making their retirement with high fees.
Those without make the breakthroughs,
work hard, and pay for the early retirees.

But the edifice remains strong and tall,
given the business model and all.
The public pays for it in the end,
writing checks for the bills; sick in their pall.

In all, some research that will not make a difference is funny.
It depends on the dole from the government with money,
continuing to beg and depend on more and more,
to promote those souls within the jar of honey.

Frasco de miel

Llegaron los hombres sin brújula moral, sin orgullo,
nunca sintieron el tirón del imán en sus andanzas.
Su aguja gira continuamente,
y convenientemente se detiene para guiar, en apariencia.

Nadie puede igualar su número de victorias,
Hombres siempre secretos, que empujan hacia lo alto con sus aletas dorsales
    siempre al ascenso.
Emergen a la superficie del poder insípido del auto-engaño
¿Quién se da cuenta o puede detener el desliz de sus caprichos?

Así son algunos de los médicos de nuestras instituciones hoy en día,
Esos que se colocan por encima de todos con los dólares de nuestros
    impuestos para decir:
yo soy el número uno, dos o tres en el país, de coetáneos.
Al final pagamos por su juego.

Aceptamos a aquellos con tales títulos,
al cubrir las tarifas altas de su jubilación.
Aquellos empobrecidos crean los adelantos,
trabajan duro y pagan por los primeros jubilados.

Pero el edificio se mantiene fuerte y alto,
según el modelo de negocio y todo.
Al final el público paga,
al expedir cheques por las facturas; enfermos encubiertos en su paño
    mortuorio.

Es cómico, esa investigación que al final, no servirá para nada
que depende del subsidio del gobierno,
continúa mendigando y dependiendo de él cada vez más,
para promover a aquellas almas dentro del frasco de miel.

Our Tree

In the large places where I cannot hide,
to my full emotions, heart deep inside,
where only you, coveted, are allowed to confide,

is a feeling so erotic, full, so pleasing,
irresistible, drawing me inside out, releasing
all energy to impotence, pulsing, appeasing.

We two were inseparable in being,
fused, so close, touching and seeing
there was no chance for us, but fleeing.

In the end we knew it would not last.
We were compelled, overwhelmed, holding fast
to the light, the future, like a stone's cast.

Embroiled in passion deeply without reason,
hoping for time to pass into another season,
anxious to live our innocence to completion.

But something happened that day or time,
no matter, exactly, every moment has its own mime,
that in memory acts out in sign.

That moment reveals the truth about us,
like a white wall in a room without fuss,
naked, signaling a break in the supporting truss.

There was a fire in my head I did not ignite,
wounded viscera, having fallen full force on a sword's might,
puncturing my body's air, slowly without a fight.

Nuestro árbol

En los lugares amplios donde no puedo ocultarme,
Ahí en mis emociones completas, muy dentro del corazón,
donde sólo a ti, codiciada, se le permite confiar,

hay un sentimiento tan erótico, completo, tan agradable,
irresistible, que me atrae del fondo hacia el exterior liberando
toda la energía hacia la impotencia, pulsando y apaciguando.

Ambos éramos inseparables, un sólo ser,
fundidos, tan próximos, al tocar y sentir
no había otra posibilidad para nosotros, sino huir.

Al final sabíamos que no duraría.
Estábamos obligados, abrumados, fuertemente aferrados
a la luz, al futuro, como una piedra arrojada.

Enredados en lo profundo de la pasión sin razón,
esperamos que el tiempo pase a otra etapa,
ansiosos de vivir nuestra inocencia hasta el final.

Pero algo sucedió ese día o tiempo,
no importa exactamente, cada instante tiene su propia pantomima,
que en la memoria se manifiesta con señales.

Ese momento revela la verdad sobre nosotros,
como una pared blanca en una habitación en orden,
desnuda, que señala una ruptura en la viga principal.

Había fuego en mi cabeza que no encendí,
vísceras heridas, al haber caído con pleno vigor sobre la fuerza de una espada,
que perforó el aire de mi cuerpo, lentamente sin luchar.

The world was catching us close behind,
or was it just a few who were so small in mind,
their envy of anyone with feeling, would hurt and bind?

Their self-righteousness caught you in a dream,
making you conform, salute, while inside you held a scream.
No one heard your sins drown in the shallow stream.

The traitor's pretended program was to be your friend.
He knew everything and cajoled you to the end.
You believed the make believe, especially the pretend.

No more sense this story would make,
if I told you the details of the acts of their fake.
You today, do not realize why they asked you to partake.

To partake in their life and not my measure,
for that would mean denying in your life the pleasure
of fulfilling a dream, coveting the rainbow's treasure.

And that's how I thought it would be, you and me,
sharing August's warm sands and a breeze from the sea,
drifting gently in life's ebb, rooting the life of our tree.

El mundo nos perseguía de cerca,
¿O eran sólo unos pocos con tan pequeña mentalidad,
cuya envidia de los que tuvieran sentimientos, dolería y comprometería?

Su santurronería te atrapó en un sueño,
y te forzó a la conformidad, a saludar, mientras en tu interior contuviste un
  grito.
Nadie escuchó tus pecados que se ahogaron en un riachuelo de escasa
  profundidad.

El plan que traía en mente el traidor era ser tu amigo.
Él se enteraba de todo y te engatusó hasta el final.
Tú te creíste la fantasía, especialmente la presunción.

No tendría más sentido esta historia,
si te contara los detalles de cada uno de sus actos de falsedad.
Hoy tú, no te das cuenta por qué te pidieron que participaras.

Participar en la vida de ellos y no en mi mesura,
ya que eso significaría negarte en la vida el placer
de cumplir un sueño, el de codiciar el tesoro del arco iris.

Y así es cómo pensé que sería, tú y yo,
compartiendo las arenas cálidas de agosto y una brisa del mar,
suavemente a la deriva en el reflujo de la vida, enraizando la vida de nuestro
  árbol.

Convergence

One cannot get away from oneself either fast enough or completely.
Even seeing oneself in a position of converging lines discretely,
as the tiniest dot where they come together in infinity,
one still sees oneself dimensionally, implacably.

The virgin thunder, the clap in the ear, innocent lightning blinding
the eyes, as a reflex one ducks away, so as not to be minding
the penetration, the unwillingness one feels of the invasion into the heart,
    finding
one wished one could write a poem and not be so trite like the many,
    masterminding.

Perhaps the apogee was Yeats,
and the perigee merely metes.
But let us neither forget Keats,
"... whose name was writ in water" for keeps.

Convergencia

Uno no puede alejarse de sí mismo lo bastante rápido o completo.
Incluso cuando uno se encuentra ante una serie de líneas que convergen
    discretamente,
en el punto más diminuto al juntarse en el infinito,
uno se ve todavía dimensional e implacablemente.

El trueno virgen, la palmada al oído, el inocente relámpago cegador,
como un reflejo se esquive, como si a uno no le importara
el allanamiento, el titubeo que se siente ante la invasión al corazón, se
descubre que uno desearía poder escribir un poema no tan trillado
    como muchos que crean con maestría.

Quizás el apogeo fue Yeats,
y el perigeo un reparto simplemente
Pero tampoco olvidemos a Keats,
"... cuyo nombre fue escrito en el agua" para siempre.

You Are

You are the love of my life, the light of my living,
turning me around at your will,
spinning my mind, completely giving.

You are without pretense, feeling deeply, I know,
as the moon's rise at sunset, or silence at sunrise,
or quaking in the Aspen meadow's afternoon show.

It's as if the ages are inside you, consumed, set in your gaze,
penetrating the stars' dust and distance,
never touching a molecule in the haze.

You are the love of my life, the light of my living,
the flower from my heart's planting, following the sun
across the sky, bending, imagining and foreknowing.

Tú eres

Eres el amor de mi vida, la luz de mi vivir,
tú que me das de vueltas a tu voluntad,
que giras mis pensamientos, dándote por completo.

Sin pretensión alguna sientes con profundidad, lo sé,
como el ascenso de la luna al atardecer, o el silencio al amanecer,
o el temblar de los álamos en la pradera en el teatro vespertino.

Es como si los tiempos estuviesen dentro de ti, consumidos, establecidos en
tu mirar, penetrando el polvo y la distancia de las estrellas
sin nunca tocar una molécula en la niebla.

Eres el amor de mi vida, la luz de mi vivir,
la flor que mi corazón plantó, que sigue el sol
por el cielo, doblándose, imaginando y presintiendo.

Reinhard Hessler MD
Dec. 19, 1957 — June 17, 2000

The Tamarind

Death brings life to those who are living.
In our pew, rising upward beyond the echoes
of arches and vaults, is our image.
And beside this assumption is the Christ, forgiving.

We feel sublime and eloquent in the light,
the afternoon sun columns shining through the stained glass,
sitting still for a while, while the late-comers
are seated with those wishing it were night.

When the pipes play voicing death's song,
we veer to the helpless emotion saying to ourselves,
we should always feel about life as we feel now,
emotional, giving, right, no need to have a defense so strong.

The sure gait of the Scotsman,
his kilt, the sign of the warrior,
his pipes, the sign of the philosopher,
the funeral, a sign of the faith of man.

The ancient voices mixing deep within us adjust,
and temper those rising emotions we feel for the men
connected close to death, bearing the casket,
eventually lowered and covered in soil and dust.

They say no man's end should be so complete,
in death, so final.
One moment soaring with the eagles and condors,
the next, encased in silence replete.

The heart surgeon felt guilt while crying.
Those who caused sleep were eloquent, and fit for the purpose.
The rest of us simply spoke in our mind's thoughts,
and gently caught each tear remembering him whom we embraced.

38

para Reinhard Hessler MD
19 de diciembre, 1957—17 de junio, 2000

El tamarindo

La muerte trae vida a aquellos que están vivos.
En nuestro banco, que asciende más allá de los ecos
de arcos y bóvedas, está nuestra imagen.
Y junto a esta asunción está el Cristo, perdonando.

Nos sentimos sublimes y elocuentes en la luz,
las columnas vespertinas del sol brillan a través de las vidrieras,
sentado quieto por un rato, mientras los que llegan tarde
se sientan con aquellos que desean que fuese de noche.

Cuando las gaitas tocan pregonando el canto de la muerte,
viramos hacia la emoción indefensa y nos decimos entre sí,
que siempre debemos sentir la vida como la sentimos ahora,
emocionados, generosos, justos, sin necesidad de levantar tan fuerte defensa.

El andar seguro del escocés,
su kilt, el emblema del guerrero,
sus gaitas, símbolos del filósofo,
el funeral, un signo de la fe del ser humano.

Las antiguas voces mezcladas dentro de nosotros, se ajustan
y templan esas emociones crecientes que sentimos por los hombres
con una conexión cercana a la muerte, al portar el ataúd,
que lentamente se desciende y se cubre de tierra y de polvo.

Dicen que el fin del hombre no debe ser tan completo,
en esa muerte, tan definitiva.
En un momento volando con las águilas y cóndores,
en el próximo, atrapados en un silencio repleto.

El cirujano cardiólogo se sintió culpable mientras lloraba – un desperdicio.
Los que causan sueño fueron elocuentes y adecuados para la situación.
El resto de nosotros simplemente nos hablamos en nuestro pensamiento
interno, y con suavidad secamos cada lágrima mientras recordábamos a
    quien abrazamos.

Following the pipes we planted a tree.
The silence of loss sounded.
Everyone scattered to the seasons.
Never did we meet again so candidly.

His life, sharing himself humbly with us, was like the tamarind,
always giving of his life and fruit,
no one remembers his voice now,
or his extraordinary physician talents.

I still hear the pipes echo in the wind,
and remember his sense of freedom living life.

Después de las gaitas plantamos un árbol.
Sonaba el silencio de la pérdida.
Todos se dispersaron hacia las cuatro estaciones.
Nunca más nos reunimos de nuevo con tanta franqueza.

Su vida, que compartió tan humildemente con nosotros, era como el
    tamarindo,
siempre dando de su vida y fruto,
nadie recuerda su voz ahora,
ni sus extraordinarios talentos de médico.

Aún escucho el eco de las gaitas en el viento,
y recuerdo su noción de libertad al vivir la vida.

The Coming Aeon

While remembering is still painful, the grief,
takes pieces of my life away from me,
to a place I cannot reach or sense any more, like a thief.

You are becoming vague, almost forgotten, there are no smells to impassion,
that would tend to quicken my senses, to remember your hand in mine.
Time is the harbinger of all things, taking from our memory what did happen.

Only your image, ageless, has sustained itself somewhere in my brain.
The chemistry is still there, working, mortal, by its own cellular time.
Your sense has almost skipped the bounds of imagination, only to feign.

Like the last leaf that is to fall from a branch in Autumn,
the only thing for certain is its existence, ready for the feat,
certain to become one with the others for all eternity, part of the sum.

I accept you as being the most frequent thought forever more.
It is no torture to have you so present, but at times I go mad,
confined to life's institution wishing I could close the deep open sore.

I shall continue on this course, that is, until I know you are gone,
hoping time will reverse the ageless singularity, the short time
we were together, repeating our cycle, in the coming aeon.

La venida de Aeón

Aunque recordar es aún doloroso, la pena
se lleva lejos de mí trozos de mi vida,
a un lugar el cual no puedo alcanzar ni sentir ya más, como un ladrón.

Te estás volviendo tenue, casi olvidada, no hay ningún olor para
   apasionar,
que tendería a aguzar mis sentidos para recordar tu mano en la mía.
El tiempo es el presagio de todas las cosas; extrae de nuestra memoria lo que
   ha sucedido.

Sólo tu imagen, eterna, se ha mantenido en algún lugar de mi cerebro.
La química está todavía allí, trabajando, mortal, por su propio tiempo celular.
Tu discernimiento casi ha ido más allá de los límites de la imaginación, solo
   para fingir.

Como la última hoja que ha de caer de una rama en el otoño,
lo único seguro es su existencia, lista para la hazaña,
para convertirse de seguro en un ser unido a los otros por la eternidad, una
   parte del todo.

Te acepto que seas el más frecuente pensamiento ahora y siempre.
No es ninguna tortura tenerte tan presente, pero a veces enloquezco,
confinado en la institución de la vida y deseando poder cerrar la llaga abierta
   y profunda.

Continuaré en esta senda, es decir, hasta que sepa que te hayas ido,
esperando que el tiempo revierta la singularidad eterna, el corto tiempo
que estuvimos juntos, repitiendo nuestro ciclo, en los próximo eones.

For Erik, 1981

Envisage (Archaic)

Picking early summer oranges and late sweet pears,
tasting from the nectar of bees pollen gathered,
walking among the ripened barley and waves of fading
green wheat under the sky, seeing the first hint of yellow and red
crowning the maple and birch that move in the clear wind,

noticing the white spring dogwood in a forest, dark green,
along the trail through the fresh rain of Spring's cool air,
panning the expanse of the valley of trees between
the high peaks where the eastern larch rises above the mist,
seeing the Grand Canyon for the first time, heart pounding,

bending on one knee in the snows of Columbia Crest
seeing faint stars above in the late morning light,
lying, pillowed on rocks, looking into the sky above the Steens' summit
as thunder clouds billow higher and higher into the dark blue,
opening one's heart to the expanse of Yosemite, breathless.

This, as if there is a timelessness, an infinite implied law somewhere,
an inner imagination long before our memories shaped us,
a pure process of emergence when we meet truth and truth meets us,
a perpetual perspective never ceasing to help course the river of truth true,
a conceptual firm experience not letting language or thought dismay us,

from the contrast of light and dark as one essence, one whole,
that undulating movement of life's feel, drawing us close
to a sense of creative thought, we don't often experience.

Para Erik, 1981

Prever (Arcaico)

Recoger naranjas tempraneras al comienzo del verano y peras dulces tardías,
probar del néctar del polen que las abejas extrajeron,
caminar bajo el cielo entre la cebada madura y olas de
trigo verde descolorido, ver los primeros indicios del amarillo y rojo
que coronan el arce y el abedul que se mueven en el viento claro,

observar a lo largo de la ruta el cornejo de primavera blanco en un bosque,
verde oscuro, a través de la lluvia fresca de aire fresco de la primavera,
ver la expansión panorámica del valle de árboles entre
las altas cumbres donde el alerce oriental asciende por encima de la niebla,
ver el Gran Cañón por primera vez, con el corazón latiendo,

hincarse en una rodilla en las nieves del Columbia Crest
ver estrellas borrosas en el firmamento a la luz de la mañana tardía ,
mientras yaces, almohadillado en las rocas, mirando al cielo más allá de la
    cumbre del Steens
mientras que olas de nubes con trueno se hinchan cada vez más hacia lo alto
    del azul oscuro,
y abren el corazón a la extensión de Yosemite, sin aliento.

Esto, como si el tiempo no existiera, una ley implícita infinita en algún lugar,
una imaginación interna de antaño desde antes que nuestros recuerdos se
    formaran en nuestro interior,
un proceso puro de emergencia cuando nos enfrentamos con la verdad y la
    verdad nos enfrenta,
una perspectiva perpetua que nunca deja de guiar el curso del río de la
    verdad, de verdad,
una firme experiencia conceptual de no dejar lenguaje o el pensamiento que
    nos consterne

del contraste de la luz y la oscuridad como una esencia, un todo,
ese movimiento ondulante de sentir la vida,
que nos acerca a un sentido de pensamiento creativo que a menudo no
    experimentamos.

For Janice
1945 — 1971

The Call of Valhalla

Rising from deep within the chest, life's hurt pours out an abscess from the
      past,
exposing a lifetime of self-shame, poor self-worth, stiffening one's life as in a
      cast,
needlessly applied by the ugly hand of a mean, infectious personality,
specifying those who are not blessed in life, who will suffer existence as a
      casualty
of a faltering immune system, illness, or degrade with time,
whose craniums house lobes with no interconnections in their paradigm.

We who have no frontal lobe damage, personality disorder, or fear suffer
      from
the sword of swift cuts and lops of our soul, where later the abscess forms in a
      maelstrom,
welling forth a guttural lung deep call, startling at first, long sustained beyond
      the normal,
notifying all in the valley, and to the sea underneath, a thermal
low frequency vibration of the human soul in trouble, revealed naked, calling,
the Valkyries to open Valgrind, to Odin's hall, the shining citadel walling.

Silence follows, and a visceral vision appears in the quiet theater in one's
      mind,
alert, a sense of relief, beating the devil, the schizophrenic affect is gone,
      enshrined
and expunged from the soul, passing the pus to a sterile sea, and for a
      moment
the glacier of burden shifts to a stillness, settled, severed from the fires foment
of eternity, reunited in the white caress of a mother's long dress, drawn
over, moving upwards revealing a child's face, innocent in the chiffon.

Para Janice
1945 —1971

El llamado del Valhala

Surgiendo de lo más profundo del pecho, el dolor de la vida mana de un
    absceso del pasado,
Se expone toda una vida de vergüenza de sí mismo, de poco autoestima, que
endurece nuestra vida como en un yeso que se aplica sin necesidad por la
    mano fea de una personalidad malévola e infecciosa,
que determina a quiénes bendicen en la vida para que no sufran su existencia
    como la victima
de un sistema de inmunidad vacilante, que se enferman o se degradan con el
    tiempo,
cuyos cráneos, en su paradigma, poseen lóbulos sin ninguna interconexión.

Nosotros sin lóbulos frontales dañados, ni trastorno de personalidad ni temor
    padecemos de
la espada que corta con rapidez y poda nuestras almas, donde más tarde se
    forma el absceso en una vorágine,
de la que brota una llamada profunda y gutural, sorprendente primero,
    sostenida por largo tiempo, más allá
de la capacidad normal de los pulmones, para advertir a todos en el valle y
    bajo el mar, una
vibración del alma térmica y de baja frecuencia del alma en apuros, expuesta,
    desnuda, que llama a
las Valquirias para abrir Valgrind, al salón de Odín, en la brillante ciudadela
    amurallada.

Lo que le sigue es un silencio, y una visión visceral aparece en el teatro
    tranquilo en nuestra mente,
alerta, una sensación de alivio, que vence al diablo, el afecto esquizofrénico
    ya pasado, consagrado
y expurgado del alma, que pasa de pus a un mar estéril y por un momento
el glaciar de agobios cambia a una quietud, acomodada, extirpada de la
eternidad que fomentan los fuegos, y se vuelven a encontrar en la blanca
    caricia del vestido largo de una madre, que
al levantarse revela el rostro de un niño, inocente en el chifón.

The call of Valhalla heard since ancient times is not without a face in today's
    horror,
hearing our mother's voice of loss, tragedy, and abuse parting from the lonely
    shore
out into the fog and mist of sterility to burn, sink eventually into the
    unknown.
Perhaps we deny we have changed over time, or perhaps we try every day to
    atone
for those deep sores that are an unwilling part passed on to us so young,
perhaps there must be a generation in between to bring a child forth
    unharmed, there among.

El llamado del Valhala que se oye desde la antigüedad no se mantiene sin rostro en el terror de hoy;

Al escuchar la voz de nuestra madre, de pérdida, tragedia y abuso, que parte desde la orilla solitaria

hacia la niebla y esa neblina de esterilidad para quemarse y hundirse finalmente en lo desconocido.

Quizás neguemos que hemos cambiado con el tiempo, o tal vez tratamos cada día de expiar

por aquellas profundas heridas que son una parte que de mala gana nos lega nosotros tan jóvenes,

tal vez debe haber una generación intermedia que dé a luz un niño ileso, allí entre ellos .

Bobbie

At the moment of death we are faced with the truth,
the truth which is larger than us,
more than we are, separate or together.
We have lost someone who can never be replaced,
or redeemed by a phone call or letter again.

The world we loved you in is gone.
You were our anchor, no longer secure,
we are adrift now, looking at your idea of justice
you so often reminded us about, ourselves in the mirror.
You taught us well! Thank You.

Bobbie

Al momento de morir nos enfrentamos a la verdad,
la verdad que es más grande que nosotros,
que es más de lo que somos, juntos o separados.
Hemos perdido a alguien que jamás se podrá remplazar,
ni redimir de nuevo con una llamada telefónica o una carta.

El mundo en el que te amábamos se fue.
Tu eras nuestra ancla, a salvo ya nunca más,
ahora estamos a la deriva, analizando tu idea de la justicia
tú que nos hacías recordar a menudo nuestro reflejo en el espejo.
¡Tú nos enseñaste bien! Gracias.

Kathleen

The river winds, turns, and there we are,
facing each other after forty years,
remembering high school like it was yesterday.
What do we have to say to each other?
How honest should we be?
How truthful should we be?
Perhaps to bare our naked souls is best?
Seems not so hard these days, does it?

Yesterday's memories touch today's feelings,
like a memory of a past infatuation of youth.
The feelings begin to surface,
coursing over our hands embraced.
Three hugs and we want a fourth.

Our lives have been part of a river,
two drops in time, chancing to meet downstream.
Let us not separate again, but instead drift
in the same current until we meet the ocean,
occasionally keeping a sense of each other.

My heart after all this time aches
for the goodness of your friendship.

Kathleen

El río, serpentea, da vueltas, y ahí estamos,
uno frente al otro después de cuarenta años,
recordando la escuela secundaria como si fuese ayer.
¿Qué tenemos que decirnos el uno al otro?
¿Cuán honestos deberíamos ser?
¿Cuán veraces deberíamos ser?
¿Tal vez revelar nuestras almas desnudas sería mejor?
No parece tan difícil en estos días, ¿verdad?

Los recuerdos del ayer tocan los sentimientos de hoy,
como un recuerdo de una previa infatuación juvenil.
Los sentimientos comienzan a surgir,
cursan en nuestras manos entrelazadas.
Tres abrazos y queremos un cuarto.

Nuestras vidas han sido parte de un río,
dos gotas en el tiempo, que por casualidad se conocieron río abajo.
No nos separemos de nuevo, flotemos a la deriva
en la misma corriente hasta que alcancemos el océano,
de vez en cuando mantengamos la percepción uno del otro.

Mi corazón anhela después de todo este tiempo
la bondad de tu amistad.

Reunion

You say to me now, forty years later,
what you thought forty years earlier.
The intense jealousy of me and
my ability to play ball and jump so high,
was in your heart when we were children?

What was in my heart then, too,
is in my heart now, all these years.
You were my best friend, my buddy, and I yours.
Then you went away to play with the other boys.

You know how children are;
they often do not ask why,
they just know things have changed.

Back then we still played
on the same playground.
I saw you throw the ball from a distance,
knowing you did better than I.
I was happy for you,
you were my friend.
So much time has passed now.

I can still play ball and jump,
but not so high these days.
The hurt you carried this long,
you say you still feel the same way today?

At the reunion, my heartfelt emotion
was for a friend.
What is to become of us now?

Reunión

Me dices ahora, cuarenta años más tarde,
lo que pensaste cuarenta años antes.
¿Los intensos celos de mi destreza para jugar a la pelota y saltar tan alto
la llevabas en tu corazón cuando éramos niños?

Lo que entonces había en mi corazón, también,
está en mi corazón ahora, todos estos años.
Tú eras mi mejor amigo, mi compañero y yo el tuyo.
Luego te fuiste a jugar con los otros chicos.

Tú sabes cómo son los niños,
a menudo no preguntan el por qué,
sólo saben que las cosas han cambiado.

En aquel entonces todavía jugábamos
en el mismo patio de recreo.
Te vi lanzar la pelota desde lejos,
a sabiendas que lo hiciste mejor que yo.
Yo estaba feliz por ti,
eras mi amigo.
Ahora ha pasado tanto tiempo.

Todavía puedo jugar a la pelota y saltar,
pero no tan alto en estos días.
El dolor que llevabas por tanto tiempo,
¿dices que todavía lo sientes del mismo modo hoy?

En la reunión, la emoción que sentí
fue la de hacia un amigo.
¿Qué va a ser de nosotros ahora?

I Missed You

I missed you at the reunion;
looking behind some familiar faces,
of long ago to see if you slipped
in unexpectedly, unnoticed.

After it was over, I kept thinking
of an old but deep memory.
There was a long pause, sitting
in my car before starting for home;
an intensity of thought about you
from the recesses of the memory of youth.

It was one summer August day,
just a kid sitting comfortably on the curb,
wondering if you could fry an egg
on the manhole cover at midday.

You appeared out of nowhere
walking toward me; the birch
trees swaying softly in the hot wind.
We were the only two; no one else was around.

How this could have happened,
I do not know!
The truth of events can be haunting.

You were thirteen years old.
You were beautiful, graceful, and sweet.

The moment was still and clear,
today, retained in that quiet place,
of exact memory.
You asked me was I your boyfriend?
I said, I think so!
Then why don't you come and see me?

Your mom, she doesn't want to see me around.
Your dad, he smiles at me.
I am more fit for work than your brothers.
Your mom does not like me.

Te extrañaba

No te vi en la reunión;
busqué en algunas caras conocidas
de hace mucho tiempo para ver si habías llegado
inesperada y desapercibida.

Después de que todo terminó, seguí pensando
en un recuerdo antiguo pero profundo.
Hubo una larga pausa, sentado
en el coche antes de regresar a casa;
un intenso recuerdo de ti
de lo más recóndito de la memoria de juventud.

Era un día de verano en agosto,
sólo un niño sentado cómodamente al borde de la acera,
se preguntaba si se podía freír un huevo
en la tapa de la alcantarilla al mediodía.

Apareciste de la nada
caminando hacia mí; los abedules
se mecían suavemente en el viento caluroso.
Éramos los dos solamente; no había nadie alrededor.

Cómo esto pudo suceder,
¡No sé!
La verdad de los sucesos puede ser inquietante.

Tenías trece años.
Eras hermosa, grácil y dulce.

El momento estaba quieto y claro,
hoy, conservado en ese silencioso lugar,
de la memoria exacta.
Me preguntaste si yo era tu novio
Respondí: "¡creo que sí!"
Entonces, ¿por qué no vienes a verme?

Tu mamá, ella no quiere verme por aquí.
Tu papá, él me sonríe.
Yo estoy en mejor forma para el trabajo que tus hermanos.
Tu mamá no me quiere.

I thought years later when adulthood
sinks the ax of reason and knowledge
deep into the brain, I should have said this:
You are Mormon, and I am not.
If your parents have not explained
this to you, they will at some time.

She went away to her house,
and I went to my house.
I never saw her again except briefly,
and then she was angry.
I did not know why, however;
what I did know was she was caught
between the truth and faith.

My neighbor, Dr. Feinberg, who was Jewish,
treated me like his son,
who was my best friend.
I was not Jewish.
He must have seen something in me
reminding himself of his childhood.
That feeling of alienation takes on many forms.

Good morning sir, how are you?
Why Douglas, good morning to you today.
Dr. Feinberg, I'm wondering if I can
fry an egg on the manhole cover today?
It's hot enough you know.
Douglas, let us get an egg
and this afternoon we shall see.

There are many mothers and fathers
who will take you in because
they love you for who you are.

Pensé años más tarde cuando la madurez
hunde el hacha de la razón y el conocimiento
en lo más profundo del cerebro que debiera haber dicho esto:
Tú eres mormón y yo no.
Si tus padres no te lo han explicado,
lo harán en algún momento.

Ella se fue a su casa,
y yo me fui a la mía.
Nunca la volví a ver salvo por un instante,
y entonces ella estaba enojada.
No sabía por qué, sin embargo;
lo que sí sabía era que estaba atrapada
entre la verdad y la fe.

El Dr. Feinberg, mi vecino que era judío,
me trataba como su hijo,
era mi mejor amigo.
Yo no era judío.
Él debe haber visto algo en mí
que le recordaba su propia niñez.
Esa sensación de alienación toma muchas formas.

Buenos días señor, ¿cómo está?
¡Vaya Douglas!, buenos días a usted hoy.
Dr. Feinberg, le pregunte, ¿puedo
freír un huevo en la tapa de la alcantarilla hoy?
Sabe que está lo bastante caliente.
Douglas, consigamos un huevo
y esta tarde ya lo veremos.

Hay muchas madres y padres
que te acogerán porque
te quieren tal como eres.

Judy was Catholic and had ten
brothers and sisters who all teased me.
I ate at their table and slept on their lawn
looking at the stars in my youth.
I was not Catholic.

Driving home in the rain
my heart missed you.
I will always wonder if you knew
what happened that day in our youth.

There are wonders and questions I guess,
we will never know the answers to,
and the understanding of things time nurtures.

Judy era católica; tenía diez
hermanos y hermanas y todos me tomaban el pelo.
Yo comía en su mesa y dormía en su césped
mientras miraba las estrellas en mi juventud.
Yo no era católico.

Mientras manejaba a casa en la lluvia
mi corazón te extrañaba.
Siempre me pregunto si sabías
lo que sucedió ese día de nuestra juventud.

Hay maravillas y preguntas, supongo,
cuyas repuestas nunca las sabremos
y la comprensión de las cosas que el tiempo cultiva

Children Growing Up

When you know the truth, it will set you free.
I kept looking for that place inside where you tried to hide from me.
I found you in that place where there is light, as it should be,
where there is time to dream of innocence,
and for innocence to respond to touch, tears, and to see.

Keep that sanctum, nourish it, and it will become part of you.
You will not be a fool if you do.

I will not demur your domain, or accent your frustration in vain,
but instead cause you to believe in yourself, to not feign,
and help course you down a path of individuality, not fame,

but to love freely, simply, breathing the breath this life has for you,
    without shame.

Los niños cuando crecen

Cuando sepas la verdad, te liberará.
Yo seguí buscando ese lugar íntimo donde intentaste esconderte de mí.
Te encontré en ese lugar donde hay luz, como debe ser,
donde hay tiempo para soñar con la inocencia,
y para que la inocencia responda al roce, a las lágrimas y a la mirada.

Mantén ese santuario, cultívalo y se convertirá en parte de ti.
No serás un tonto si lo haces.

No recataré reino, ni agravaré tu frustración en vano,
en cambio te haré creer en ti mismo, te enseñaré a no fingir,
y te guiaré por la senda de tu individualidad, no de fama,

para amar libre, simplemente, para respirar el aliento que esta vida
    tiene para ti, sin vergüenza alguna.

Consequences

My sense is fading, that becoming functional feeling.
It's a consequence you know, being functional, that is.
My stuffed duck on the table knows better.
Everyone says how beautiful it is,
and it doesn't know itself, but it is beautiful.

My technology is efficient, and my schedules, well, to the minute
are functional now. I do not have to worry,
acceptance is just around the corner, I know.

There is no room for biology,
no room to roam, dream, or just be.

There is no room to act, except between
the confines of two large white cliffs,
heading you in only one direction.

It seems you cannot turn around.
Oh, if you did everyone would be critical of that,
now wouldn't they?

Awareness gets numb, the uncertain touch
starts to feel diminished, a desensitized heart
beating faster than it should every day.
It's time to quit, to move on
and find peace of mind and feeling again.

My feet, they are telling me one foot in front of the other.

Consecuencias

Mi comprensión se esfuma, esa sensación de convertirse en algo funcional.
Es decir, ser funcional, es una consecuencia, tú lo sabes,
Mi pato embalsamado sobre la mesa lo sabe muy bien.
Todos dicen que lindo es,
pero no se conoce a sí mismo, pero es hermoso.

Mi tecnología es eficaz y mis horarios, bueno, al minuto
ahora funcionan. No me tengo que preocupar,
la admisión está a la vuelta de la esquina, yo sé.

No hay lugar para la biología,
ni espacio para moverse, soñar, o simplemente ser.

No hay espacio para reaccionar, excepto entre
los confines de dos grandes acantilados blancos,
que te llevan en sólo una dirección.

Parece que no puedes darte vuelta.
Oh, si lo haces todos te criticarían,
¿verdad que sí?

Se adormece la conciencia, el roce incierto
comienza a sentirse disminuido, un corazón sin sensibilidad
que late más rápido de lo que debe hacerlo cada día.
Es hora de detenerse, seguir adelante
y de nuevo encontrar la paz interna y el sentimiento.

Mis pies, me dicen, un pie delante del otro.

Betrayed

Having a mind from the top,
and forced to take my place at the bottom,
do you know how dangerous that is?
It will be to some, but I say got 'em.

To me, I began to understand how the mind from the bottom,
which combines with those who make it to the top,
fooled me for so many years,
their actions are clear, I just had to look and stop.

Like the top dog who immediately
upon hearing that discoverable voice,
that self-imposed threat of discovery,
of motive, character, and choice,

removed his wife from scrutiny,
surveillance, and crushed the suspicion;
idle talk that was truth mixed in,
of his own affair and pulsation,

sending her to a place of religious purity;
above reproach were her volunteer times.
In the forced place at the bottom,
joined with the fine minds'

naked achievements of the top,
uncovering, discovering, keeping covered,
the spirit of evil as it lurks;
is to descend the mind of the top, smothered,

down to the bottom; they think no one is watching.
They think no one sees, being tied to the hips.
The craftiness of such minds is clever, ahead of the curve,
but the urgency of their own acts betray their fits.

Traicionado

Tener la mente en la parte superior,
pero forzado a tomar mi lugar en la parte inferior,
¿sabes lo peligroso que es?
Será para algunos, pero digo – los pesqué!

Para mí, comencé a entender cómo la mente de la parte inferior,
combinada con aquellos que llegan a la cima,
me engañó durante tantos años,
sus comportamientos son claros, sólo tuve que mirar y detenerme.

Como el cabecilla que inmediatamente
al percibir esa voz,
esa amenaza auto-impuesta de descubrimiento,
de motivo, de carácter y elección,

retiró a su esposa del escrutinio y
vigilancia y aplacó la sospecha;
las habladurías que eran la verdad mezclada
con su propio amorío y pulsación,

la mandó a un lugar de pureza religiosa;
irreprochable fue su tiempo de voluntaria.
En el lugar impuesto de la parte inferior,
junto con los logros desnudos más destacados de la parte superior

revelados, descubiertos, encubiertos,
el espíritu del mal que acecha;
que hace que la mente de la parte superior
descienda a lo más bajo, asfixiada,

creen que nadie los está mirando.
Creen que nadie ve al estar unidos de la cadera.
La astucia de tales mentes es ingeniosa, a la vanguardia de los demás
pero la urgencia de sus propios actos traiciona sus arrebatos.

The Right Expectations

If we have no vision of the future,
does that mean we are old?
What if we could only think in the present,
and we could not remember what we were told,
of the immediate past; life for some, would be very cold?

Short term memory loss causes history
to be broken or at least bent.
There is no reinforcement of the past,
except by long term memories' scent,
repeated as every new occasion is meant.

I guess we should factor in denial,
the right of survival, as to where we stand,
in spite of our emotional side we depend upon,
for that good and wonderful helping hand,
easing us down after dancing with naked feet in the sand.

The right expectations take precedence in life,
to have a vision of the future at play,
they are almost linear, lined up as slotted,
slippery, in line, perhaps one splay,
yes, way too much to do to feel old any day.

Las expectativas acertadas

Si no tenemos ninguna visión del futuro,
¿significa eso que somos viejos?
¿Qué pasa si sólo pudiéramos pensar en el presente,
y no poder recordar lo que se nos dijo
del pasado inmediato; ¿la vida para algunos, sería muy fría?

La pérdida de la memoria inmediata hace que la historia
se rompa o por lo menos quede torcida .
No hay ningún refuerzo del pasado,
excepto el aroma de los viejos recuerdos,
repetida según cada ocasión nueva lo pida.

Supongo que deberíamos contar con la negativa,
el derecho de supervivencia, de nuestra situación en un momento dado,
a pesar de nuestro lado emocional del que dependemos,
de esa buena y maravillosa mano que se ofrece para ayudar
a reclinarnos después de bailar con los pies descalzos en la arena.

Las expectativas acertadas toman prioridad en la vida,
para tener una visión del futuro que está en juego,
son casi lineales, como ranuras alineadas,
resbaladizas, en fila, quizás alguna espatarrada,
sí, hay demasiado que hacer para sentirse viejo en cualquier día.

Conflict

Why do I feel so bad over here,
and reach for something
to make me feel so good,
when over there I feel so good,
and do not reach for something
that would make me feel so bad?

I understand what you mean,
high density and all.
Do you understand what I mean?
Over there it is so clear,
and over here so confused.

Perhaps it's my mistake,
for not doing what I think I should do.
Ignoring biology has influences, significance,
resonance, prescience, and atonements.

Conflicto

¿Por qué me siento tan mal aquí,
y trato de alcanzar algo
que me haga sentir tan bien,
mientras que allá me siento tan bien,
y no trato de alcanzar nada
que me haga sentir tan mal?

Comprendo lo que quieres decir,
alta densidad y todo.
¿Entiendes lo que te quiero decir?
Allá es todo tan claro,
y aquí tan confuso.

Tal vez sea mi error,
por no hacer lo que creo que se debiera hacer.
Ignorar que la biología tiene influencia, significado,
resonancia, presciencia y expiación.

For Emily, 1979

To Emily

My book has been written.
The first chapter of your book has also.
From now on it is your living story to write,
your life, to pass through with grace and heart.

Write it well, always,
keep a balance in outlook,
never compromising what is
of value to you in life.

You have the love in my heart
to go with you, beside you.

Never doubt I am there in silence,
or my presence in the traces
of your thinking.

You are what kept me alive.
Your existence was my life,

until the sacred trust
of parent and child
was passed on to the union
of husband and wife,

and we let go.

A Emily

Mi libro ha sido escrito.
También el primer capítulo del tuyo.
De ahora en adelante es tu historia presente que tienes que escribir,
tu vida, pasar por ella con gracia y corazón.

Escríbela bien, siempre,
mantén tu punto de vista equilibrado,
nunca comprometas lo que tú valoras
en la vida.

Tú tienes el cariño en mi corazón
para que vaya contigo, a tu lado.

Nunca dudes que te acompaño ahí en silencio,
o mi presencia en las huellas
de tu pensamiento.

Tú eres lo que me mantuvo vivo.
Tu existencia fue mi vida,

hasta que la confianza sagrada
de padre e hijo
pasó a la unión
de marido y mujer,

y la dejamos ir.

Lament

To be without you is sad, at least always melancholy.
Setting out on this course, or any for that matter after that day,
has been about control over decisions, and contrary, having none.
You know what your purpose is, but all else is not important to say.
The path leads somewhere, but can be anywhere,
just not where your heart can go to stay.

That place to stay was in your heart, wanting to be there was free falling,
having gone to no heights, just seeing you one day was it.
Out of control emotions, sensing on a thousand scents,
wandering in directions never encountered only to dead end and sit
with the most serene despair, the fullest emotion unrequited,
suffering sensual suffocation and no exceptions to help or exist.

Being in love was the fullest of all emotions expressed in a boundless
    sacrifice,
to any cause that would free you to your whim, with a wave of your hand.
It was not too much energy to surge from my pulses at any cost.
One is never in doubt in these states of mind, like sifting sand
to find that one grain, the metaphor so rich in context, that describes
the universal embrace, the most complete covet in all the land.

Contrary to this, and a firm conflict to the conduct of covet,
was an anticipated consequence, a certainty of creating a sense of freedom.
The perfect metaphor, to love is to become free within yourself, also
conjures a contradiction of feelings in life that sometimes has a curfew.
Other men tell us this and more: Longfellow, Pasternak, Seferis, Gibran,
Borges, Marquez, Yeats, Browning, whose books sit on your shelf in every
    hue.

Lamento

Estar sin ti es triste, al menos siempre melancólico.
Partir por este rumbo, o ya sea por cualquiera después de ese día,
ha sido cuestión de control de las decisiones y de lo contrario, no tener
    ninguno.
Sabes cuál es tu propósito, pero todo lo demás no es importante decir.
El sendero conduce a algún lugar, pero puede a ser cualquier lugar,
pero no donde tu corazón pueda ir para permanecer.

Ese lugar de permanencia estaba en tu corazón, querer estar ahí era una libre
    caída,
sin haber llegado a ninguna cumbre, sólo verte un día fue suficiente.
Las emociones fuera de control, perciben miles de aromas,
vagando en direcciones nunca encontradas, sólo a callejones sin salida y
    sentarse
con la desesperación más serena, la plena emoción sin corresponder,
sufriendo asfixia sensual y ayudar o existir sin excepciones.

Estar enamorado fue la emoción máxima de todas que se expresan en un
    sacrificio sin límites,
para cualquier causa que liberaría a tu antojo, con una gesto de la mano.
No existía demasiada energía que surgiera de mis pulsos a cualquier costo.
Uno nunca tiene duda en estos estados de ánimo, como cernir la arena
para encontrar un grano, la metáfora tan rica en contexto, que describe
el abrazo universal, la codicia más completa en toda la tierra.

Contrario a esto y a un conflicto firme a la conducta de codicia,
fue una consecuencia anticipada, una certeza de crear también una sentido de
    libertad.
La metáfora perfecta, amar es liberarse dentro de uno mismo, también
evoca una contradicción de sentimientos en la vida que a veces tiene un toque
    de queda.
Otros hombres nos dicen esto y más: Longfellow, Pasternak, Seferis, Gibran,
Borges, Márquez, Yeats, Browning, cuyos libros en tonos diferentes se
    encuentran en tu librero.

The curfew is safe, the time of the end where home is the only choice
And the books offering a promise of the future, each one in its marked place,
lighted by a slant suspicion of something new in your life, unburdened,
    challenging.
The voices of control silenced your will, heading with a steady spinning pace,
into the whiteness of some cliff's cold snow slope, tearing us into pieces,
until you formed a resolve about love and decisions that were to keep us both
    safe.

What comes of, staring at the floor, looking through the window, walking
barefoot in deep green lawn, smelling flowers, being outside in warm rain,
holding back tears, feeling the finality, a complete break and heart trauma
so thorough you can only be affected, enduring little sleep without refrain,
no one to hug you, to hold you, to ease the emotions, to be a conduit of
    kindness,
being unable to deny, not bearing to feel, the perfect pulsing pain?

What comes is getting up from the chair to go somewhere that is not
    important,
looking out the window seeing gentle winds favor the flowers, trees and
    leaves,
smelling summer fragrances, crying, welcoming the finality with arms
    embracing,
treating the trauma with silence and your heart letting all voices pass with
    ease,
enduring with self-respect, sleeping as the sun and moon circle silently,
    realizing
it's ok to be touched after the passing of several solstice cycles with appease.

El toque de queda está seguro, la hora del fin donde el hogar es la única
alternativa.
Y los libros ofrecen una promesa del futuro, cada uno en su lugar marcado
iluminados por una leve sospecha de algo nuevo en tu vida, sin agobios,
desafiantes.
Las voces de control silenciaron tu voluntad, al dirigirse a constante paso que
gira
hacia la blancura de una pendiente de nieve fría de algún acantilado, que nos
desgarra a pedazos,
hasta que tomaste una decisión sobre el amor y decisiones que nos
mantendrían a ambos a salvo.

¿El resultado de mirar el piso, mirar por la ventana, de caminar
descalzo en el césped verde profundo, de oler las flores, estar a la intemperie
bajo la lluvia tibia,
contener las lágrimas, sentir la finalidad, una ruptura completa y trauma del
corazón
tan prolijo que sólo te puede afectar, al tolerar con un desvelo sin
abstención,
sin nadie que te abrace, ni alivie tu emociones, para ser un conducto
de bondad,
para ser incapaz de negar, para no atreverse a sentir el dolor pulsante
perfecto?

El resultado es levantarse de la silla para ir a un lugar sin importancia,
mirar por la ventana, ver vientos suaves que favorecen las flores, árboles y
hojas,
oler las fragancias del verano, llorar, darle la bienvenida a la finalidad con
los brazos abrazados,
tratar el trauma con silencio y tu corazón deja que todas las voces pasen con
facilidad,
perduren con respeto propio, dormir mientras el sol y la luna circulan
en silencio, al darse cuenta de
que está bien que te acaricien después del paso de varios ciclos de solsticio
con sosiego.

Disappointed

So you failed to understand!
Perhaps this should be
the last poem with you in mind.
Do not confuse the issue!

Matilda could have been the title,
but then,
I would not be telling the truth
now, would I?

And what of the truth?
A poem is for everyone!
But I wrote it for you,
for everyone!

The sentiments it brought forth were
relief, peace and affection;
the measure of a long life.

Reunions, they are not for me!
One can only be ashamed to feel!
I thought right would prevail,
after all this time, goodness too!

But the chairs you sit in
are still oak hard,
the desks empty,
the bookshelves,

without promise!

Decepcionado

Pues no lograste entender!
Quizás este debería ser
el último poema contigo en mente.
No confundas el asunto!

Matilda podría haber sido el título,
pero entonces,
yo no estaría diciendo la verdad
ahora, ¿no?

¿Y qué de la verdad?
¡Un poema es para todos!
¡Pero lo escribí para ti,
para todos!

Los sentimientos que sacó a flor fueron
alivio, paz y cariño;
la medida de una larga vida.

¡Las reuniones, no son para mí!
¡Uno sólo puede avergonzarse de sentir!
¡Pensé que prevalecería lo correcto,
después de todo este tiempo, el bien también!

¡Pero las sillas en que te sientas
son aún duras como un encino,
los pupitres vacíos,
los libreros,

sin promesa!

One Moment

The image is clear, adolescence seeing her there,
in a scotch plaid skirt and red sweater.
Today, only a reflection in the light now.

We stared at the girls when they did not notice,
looked away when they did notice.
We all suffered from the same anxiety.

The measure of a deep friendship is
being able to pick up where you last parted,
an intervening timelessness, innocence.

In the reunion's excitement, I reached out and said hello.
She did not know me at that time.

Perhaps it was always that way.

Un momento

La imagen es clara, la adolescencia al verla allí,
en una falda a la escocesa y suéter rojo.
Hoy, sólo un reflejo de la luz ahora.

Mirábamos a las chicas mientras no nos veían,
volteamos la mirada cuando nos vieron.
Todos sufríamos de la misma ansiedad.

La medida de una profunda amistad es
ser capaz de volver a comenzar donde nos separamos la última vez,
una intervención sin tiempo, la inocencia.

En la emoción del rencuentro, me acerqué y la saludé.
Ella no me reconoció en ese momento.

Tal vez siempre fue así.

Daydreaming

Sometimes when daydreaming of growing up as a tree,
we would imagine ourselves as planted seeds in the ground,
there among the trees in the forest,
nourished, sprouting, bending to light, the source of life.

Then, perhaps yearning from a yard high,
to grow and become a yawner, or
from an infant seedling inching to eye level,
then igniting to the high sky.

To become one tall tree over time,
to tell a tall tale or two,
staid, wonderfully rooted so big and wide,
beneath the ground, breathing, respiring.

Or perhaps a beryl, gnarled as a pearl to perfection,
sitting low in the coarse soil,
coveting roots of more than two millennia.

A crisp cold, crossing over the circum boughs,
a reminder of the ages we will not see,
settles dust 'neath the skirting branches
mixed with fallen needles and leaves,
slowly kneading into the soil's level plane,

a union with the ashes of our fathers.

Ensoñación

A veces mientras sueño despierto con crecer como un árbol,
nos imaginábamos que éramos como semillas plantadas en la tierra,
allí entre los árboles del bosque,
nutridos, en brote, inclinados hacia la luz, la fuente de la vida.

Entonces, tal vez de una yarda de alto, anhelamos
crecer y convertirnos en un bostezador, o
de pimpollo que crece con lentitud hasta alcanzar el nivel de los ojos,
luego explotando hasta el alto cielo.

Para convertirse en un árbol alto con el tiempo,
para contar un cuento fantástico o dos,
serio, maravillosamente enraizado tan grande y tan ancho,
bajo la tierra, respirando, inhalando.

O quizás un berilo, nudoso como una perla a la perfección,
sentado bajo el suelo áspero,
codiciando raíces de más de dos milenios.

Un frío crujiente, cruza por las ramas en circunflejo,
un aviso de las edades que no veremos,
el polvo se asienta bajo las ramas que rodean el zócalo del árbol
mezclado con agujas caídas y hojas,
que se amasan con lentitud en el plano nivelado de la tierra,

en unión con las cenizas de nuestros padres.

Part of a Whole

As a child, knee high,
I did not know,
if I planted a tree,

I could grow with its spurts,
feed and water its life,
build a fort, safe
in spreading branches,

gently be laid to rest beneath
the crown's shadow on the hill,

turning toward the sun,
as part of a complete cycle,
part of a whole,

as a ring is to the tree,
as a tree is to the forest.

Parte del todo

Cuando niño, de altura hasta la rodilla,
no sabía,
si plantara un árbol,

yo crecería al igual que sus etapas de crecimiento ,
alimentaría y regaría su vida,
construiría un fuerte, a salvo
en las ramas que se expandirían,

suavemente enterrado para descansar bajo
la sombra de la copa del árbol en la colina.

girando hacia el sol,
como parte de un ciclo completo,
parte del todo,

como lo es un anillo para el árbol,
como lo es un árbol para el bosque.

The Truth

When I tell you the truth, why do I feel bad?
You think differently.
It's true, you may not want to understand what I said.

Perhaps that is what makes you angry,
perhaps I put into words what you cannot act on,
perhaps you already knew the truth of what I told you.

Our relationship changed after that.
Telling you the truth seemed to affect you,
you did not know me anymore.

Perhaps you were better off for not knowing.
I was not.
I needed to know what the truth was.

I needed to speak the truth,
so lies had no disguise.

La verdad

Cuando te digo la verdad, ¿por qué me siento mal?
Tú piensas diferente.
Es cierto, puede que no quieras entender lo que dije.

Quizás sea eso lo que te enfada,
quizás expreso con palabras lo que tú no puedes realizar
tal vez ya sabías la verdad de lo que te dije.

Nuestra relación cambió después de eso.
Decirte la verdad parece que te afectó,
ya no me conocías.

Tal vez fue mejor para ti no saberlo.
No lo fue para mi.
Yo necesitaba saber cuál era la verdad.

Necesitaba decir la verdad,
para que así las mentiras no tuvieran disfraz.

Witness

Have you ever anticipated
the speed of a solar eclipse shadow,
seen it come over the horizon, cross the land,
only to vanish as quickly, far away?

I suppose that is what inevitable is,
a witness to the unexpected,
caught in anticipation,
coursing a continuum,
as we, from birth through death.

Testigo

¿Has alguna vez anticipado
la velocidad de la sombra de una eclipse solar,
viéndola venir sobre el horizonte, cruzar la tierra,
sólo para desaparecer tan rápida, a lo lejos?

Supongo que eso es lo que inevitable es,
un testigo de lo inesperado,
atrapado en la anticipación,
que cruza una continuidad,
como nosotros, desde el nacimiento hasta la muerte.

A Look In The Mirror

You were always on the verge of understanding,
but did not think you knew so much.
Faithfully trusting your intuition,
which never offered you proof,
was a safe way as such.

You possess an uncanny perception with common sense,
seemingly, rarely misplaced,
in helping those around you,
lending a hand in kindness,
never regretting the problem faced.

However, when meeting the eyes of others,
you struggled when that deep magnetic force would well,
mixing the visceral pain,
of your childhood and adolescent violence,
when your soul was in a separate cell.

The depth, some said, was a respect for the footprints of your past,
at times walking aimlessly holding a hilt,
striding to remain even at best,
packing your own private hell,
where memory of normal was full of guilt.

Past troubles arose from wanting your parents' love,
only to be swept away
by the guilt,
turned to stone, shaping you in shame,
hurt, like rejection in the month of May.

Una mirada en el espejo

Siempre estabas a punto de entender,
pero no creías que sabías tanto.
Fielmente confiando en tu intuición,
que nunca te ofreció prueba alguna,
era una manera segura como tal.

Posees una percepción asombrosa con sentido común,
en apariencia, rara vez fuera de lugar,
para ayudar a aquellos a tu alrededor,
tiendes la mano con bondad,
sin nunca lamentar el problema que enfrentas.

Sin embargo, al cruzar de ojos con los demás,
luchaste cuando esa profunda fuerza magnética se ensanchaba
y mezclaba el dolor visceral,
de tu infancia y la violencia de adolescente,
cuando tu alma estaba en una celda separada.

La profundidad, algunos decían, era un respeto por la huellas de tu pasado,
a veces caminabas sin rumbo con la empuñadura en mano,
dabas zancadas para permanecer aún más estable
cargando con tu propio infierno privado,
donde la memoria de lo normal estaba llena de culpabilidad.

Los problemas del pasado surgieron por querer el cariño de tus padres,
sólo para ser arrasados
por la culpabilidad,
convertidos en piedra, te modelaron con vergüenza
dolor, como un rechazo en el mes de mayo.

You disguised your childhood's depth of pain in your identity.
Others expressed themselves worse,
some in anger or personality problems,
in fear of living life,
and opposite, you appeared on course.

You survived, succeeded, moved ahead ignoring pain every day.
The neurochemistry always frames.
The deep lasting structural effects
remained underneath, breathing
slowly, at your life's ebb in shame.

In fear you asked for your parent's love,
at least as they were capable.
But at times it was more polite as a child
if you were not so smart,
or sensitive, lest you might be in anger, culpable.

After your depression you seemed to understand,
surviving in a different fashion,
exorcising each nightmare,
turning to the light,
breathing deep the misty air of compassion.

Since you became a traveler again, moving past the verge,
nothing is misplaced, now a respite;
your firm strong hand, grasping the night,
easing the start of day,
to face the light.

Disfrazaste el profundo dolor de tu infancia en tu identidad.
Otros se expresaron peor,
algunos encolerizados o con problemas de personalidad,
con temor a la vida,
tú al contrario, parecías mantener tu camino.

Sobreviviste, tuviste éxito, seguiste adelante ignorando el dolor todos los días.
La neuroquímica siempre enmarca.
Los efectos estructurales profundos y duraderos
permanecieron recónditos, respirando
con lentitud, en el reflujo de tu vida avergonzada.

Con temor le pediste amor a tus padres,
al menos del que fueran capaces.
Pero a veces cuando niño era más cortés
no ser tan inteligente,
ni sensible, al menos que tú estuvieras enrabiado, culpable.

Después de tu depresión parecías entender,
la sobrevivencia de un modo diferente,
exorcizabas cada pesadilla,
mirabas hacia a la luz,
respirabas profundo el aire brumoso de la compasión.

Desde que te convertiste de nuevo en un viajero, al irte más allá del arcén,
nada está fuera de lugar, ahora una pausa;
tu mano firme y dura, se ase a la noche,
amengua el inicio del día,
para enfrentar la luz.

In Passing

The tweed coat always caught my eye,
a favorite of men who are comfortable, a slow sigh,
a sign of an observer, not always a participant,
shaped over the shoulders, a slight right field cant.

His strengths were simple motions, an image,
bound into one athletic effort of homage
and self respect, or placing his coat over a chair,
elbows on his knees, face upturned, smiling and fair.

When young and fresh with a compliant gait,
deferring to those masters who taught his fate,
was how he always was, as now in remembrance,
too, having touched young spirits who needed a chance.

His white coat, at any time, long and pressed,
a senior name and in purple, about him caressed,
ambling down the hallway answering a student's plead,
never did he ask of anyone to fill his need.

Voices from far off places sent him patients to treat,
an office interview, a gentle man in answer, up for the feat,
never in doubt in his mind and hand expressed,
to those who confided with problems, distressed.

He made the effort with colleagues, friends, and chose,
especially at Christmas time, to give his annual pistachios.
He would answer his phone calls cheerily and composed,
to no one could he be an enemy, grateful was his propose.

The mystery of life is what we can learn
from those who have passed before us, in turn.
Robert's life is no less a teacher for you and me,
to open up our lives, love, and just see,

elbows on his knees, face upturned,
smiling, just to be.

Robert Woolf, DMD
1945 — 2008

Al pasar

El abrigo de cheviot siempre me llamó la atención,
favorito de los hombres que se sienten cómodos, un suspiro lento,
seña de un observador, no siempre de un participante,
amoldado sobre los hombros, levemente cayendo hacia la derecha.

Su fortaleza se radicaba en simples movimientos, una imagen,
íntimamente unida de homenaje en un esfuerzo atlético
y respeto de sí mismo, o de poner su abrigo sobre una silla,
los codos sobre las rodillas, cara hacia lo alto, sonriente y justo.

Cuando joven y lozano con su paso recatado,
difería a aquellos maestros que le enseñaron su destino,
era así siempre como era, como ahora es en el recuerdo,
también, al haber tocado a espíritus jóvenes que necesitaban una
    oportunidad.

Su guardapolvo blanco, en cualquier momento, largo y planchado,
con su nombre de superior y de color púrpura acariciándolo,
al pasearse por el pasillo, respondiendo a la suplica de un estudiante,
nunca había pedido nada de nadie para saciar su necesidad.

Voces de lugares lejanos le enviaban pacientes para que los tratara,
una entrevista de consultorio, un hombre gentil con respuestas, dispuesto a la
    hazaña,
sin ninguna duda en mente y mano expresaba
a quienes le confiaban sus problemas, angustiados.

Hizo el esfuerzo con colegas, amigos y eligió,
sobre todo en las Navidades, de regalar sus pistachos anuales.
Él respondía con alegría y compostura sus llamadas telefónicas,
de nadie podía ser un enemigo, agradecida era su propuesta.

El misterio de la vida es lo que podemos aprender
de aquellos que han pasado antes que nosotros, a su vez.
La vida de Robert no es menos que la de un maestro para ti y para mí,
para abrir nuestras vidas, amar y simplemente mirar,

los codos sobre las rodillas, cara hacia lo alto,
sonriendo, sólo existiendo.

A Quiet Hollow

When young, seeing a varied thrush the first time,
through the thin alder branches deep in a quiet hollow,
the shadows seemed to shiver, dusk was slowing the day's mime,
and the splendid speckled feathers were orange and fallow.

Later, much later, visualizing the same scene,
and a varied thrush still in the frame's center, a quiet lull
stirred that feeling of a less than happy history, a lien
against myself thinking others could measure better, more full.

Thinking through the years, this was true without question,
was like falling into an innocence,
a strange impotence of self without ever a mention

of why that frame's center occasionally came to mind.
It used to have a semblance of substance,
and yes, it still does, but I am to myself, now, not unkind.

Un hueco en el silencio

Cuando joven, al ver un zorzal pecho-cinchado por primera vez,
a través de las delgadas ramas del aliso, en la profundidad de un hueco
    silencioso,
las sombras parecían temblar, el crepúsculo retrasaba la mima del día,
y las esplendidas plumas jaspeadas eran naranja y barbecho.

Más tarde, mucho más tarde, la visualización de la misma escena,
y un zorzal pecho-cinchado aún en el centro del marco, una calma silenciosa
agitaba ese sentimiento de una historia no tan feliz, una carga
contra mí mismo al pensar que otros podrían estar a una mejor altura, más
    completos.

Al pensar por los años, esto era cierto sin duda,
era como caer en una inocencia,
una extraña impotencia de sí mismo sin jamás mencionar

por qué el centro de aquel marco de vez en cuando me venía a la mente.
Solía tener una apariencia de sustancia,
y sí, aún la tiene, pero ahora hacia mí mismo, no soy cruel.

Smoke Tree*

It is the remembering that has been so long now.

Before that, well, I'm not sure either, somehow.
There is no more guilt to speak of anymore,
although it did not seem to bother us before,
oblivious to the world and suffering people very unjust.

We were two silk plumes intertwined, tempting lust.

I suppose it is the faint, dear, clear feel of you,
weighing in every day to share its pressure too,
comforting at times, knowing everything was right.
Except the burden of social convention in the fight,
did not allow us to just be both free.

Instead in the end, we were as the smoke tree;

loose spreading clusters of minute flowers, some time ago trying to root,
delicate in the winds unfurling of seeds and fruit,
aloft in the air's rich crimson and smoke scents,
together, holding hands as we were meant.

It is the remembering that has been so long now!

*Psorothamnus spinosus; a spiny tree of the American desert.

Corona de Cristo*

Es el recuerdo que, ahora, pasó hace tiempo ya.

Antes de él, bueno, no estoy seguro tampoco, de modo alguno.
No queda más culpabilidad de que hablar ya más,
aunque no parecía molestarnos antes,
ajeno al mundo y al sufrimiento de las personas muy injustas.

Éramos dos plumas de seda entrelazadas, tentando la lujuria.

Supongo que es el leve, querido, y claro roce de ti
que pesaba cada día más para también compartir su presión,
reconfortante a veces, a sabiendas que todo estaba bien.
Excepto que la carga de la convención social en la lucha,
no nos permitió a ambos sólo ser libres.

En vez, éramos como el árbol Corona de Cristo, al final;

sueltos desparramamos racimos de flores diminutas que ya hace tiempo
   trataron de enraizarse,
delicados en los vientos, semillas y frutas,
en lo alto el rico carmín del aire y fragancias de humo,
juntos, tomados de la mano como era nuestro destino.

Es el recuerdo que, ahora, pasó hace tiempo ya.

*Corona de Cristo (Psorothamnus spinosus); árbol espinoso del desierto
americano.

War

Never been much for war,
most men never been battle tested,
faced the bullet,
or the irony of rage and survival.

Those who have been trained to kill,
who are advantaged in the game
of judgment and restraint,
concerning their powers and prowess,
are different from those who are not;
reckless in fear,
who wear actual combat gear,
who end their service
in depression and despair.
Both are righteous!

Seated peacefully in my church pew,
those around the circle appear fragile,
at least those with upturned palms
praising the serenity of God.
When pressed, some beliefs might crack.
Many are the self-righteous
who belong to the world,
all joined by a thin thread.

What of the fanatic among us?
The fanatic is not as right as the self-righteous,
who are a degree separated from the righteous.
There are always stated reasons for war,
but the fanatics are never justified in their conduct.
They can never be appeased,
their countenance not easily read,
like so many animals among us.

The self-righteous will engage,
losing while still making an effort,
to be principled and virtuous.
The righteous are the ones sucked in, to fight,
vacuumed up in the aftermath.

Guerra

Nunca fui muy partidario de la guerra,
la mayoría de los hombres nunca han experimentado la batalla,
enfrentado la bala,
o la ironía de la rabia y la supervivencia.

Aquellos que han sido entrenados para matar,
que tienen la ventaja en el juego
del juicio y la moderación,
con respecto a su poder y destreza,
son diferentes a aquellos que no son;
imprudentes ante el temor,
que llevan equipo de combate de verdad,
que terminan su conscripción
en depresión y desesperación.
¡Ambos son justos!

Sentado tranquilamente en el banco de mi iglesia,
aquellos alrededor del círculo parecen frágiles,
al menos aquellos con las palmas de las manos hacia arriba
alabando la serenidad de Dios.
Cuando presionadas, algunas creencias podrían quebrantarse.
Muchos son los fariseos
que pertenecen al mundo,
todos unidos por un hilo delgado.

¿Y qué con el fanático entre nosotros?
El fanático no es tan recto como los fariseos,
entre los cuales hay un grado de separación con los justos.
Siempre hay declaradas justificaciones para la guerra,
pero nunca hay justificación en la conducta de los fanáticos.
Nunca pueden ser apaciguados,
su rostro no es fácil de leer,
como tantos animales entre nosotros.

El fariseo participará y
perderá mientras siga haciendo un esfuerzo
para ser hombre de principio y virtud.
Los justos son los que se dejan reclutar ciegamente para la batalla,
recogidos después de las batallas.

The righteous fight war.
The self-righteous command war.
The fanatic leads war by degrees.

We are a species who believe in
suspicion of differences,
the eschatology of history's views.
To say he is different,
is a belief that our Gods are different.
Certainly differences,
anthropomorphic and narcissistic,
existed between the gods of
the Greeks and Romans,
as between Christianity and Islam?

But perhaps not,
since the Greek and Roman gods
were created only in the minds of Man,
but then again, all gods
are divine in origin.

It is what war is about,
the differences between God beliefs,
the divine origin of Man's self-image.

The cock may crow thrice
many times in our lives,
but the differences between life and death
is only one event,
too late to admit we made a mistake
in our ultimate sacrifice,
and did it make a difference?

The fire has burned in all religions
at one time or another,
agnostic as well;
war is always the result.
It helps define the differences;
our concept of infinity.

Los justos combaten en la guerra.
Mientras los fariseos dan las ordenes.
El fanático dirije la guerra por rango.

Somos una especie que cree en
la sospecha de lo diferente,
la escatología de los puntos de vista de la historia.
Decir que él es diferente,
es una creencia que nuestros dioses son diferentes.
¿Ciertamente las diferencias,
antropomorfas y narcisistas,
existieron entre los dioses de
los griegos y los romanos,
como entre el cristianismo y el islam?

Pero quizás no,
ya que los dioses griegos y romanos
fueron creados sólo en la mente del hombre,
pero claro, todos los dioses
son de origen divino.

Es el por qué de la guerra
las diferencias entre las creencias de Dios,
el origen divino de la imagen propia de cada hombre.

El gallo puede que cante tres veces
muchas veces en nuestras vidas,
pero las diferencias entre la vida y la muerte
es un suceso único,
es muy tarde para admitir que cometimos un error
en nuestro sumo sacrificio,
¿y acaso cambió algo?

El fuego ha ardido en todas las religiones
en alguna ocasión u otra,
entre agnósticos también;
la guerra es siempre su resultado.
Ayuda a definir las diferencias;
nuestro concepto del infinito.

Realization In My Youth

Hit a twenty — two year old,
knocked him down when I was sixteen.
It must have been my looks
walking to the corner store.
He came after me from his parked car,
my fists could fight better and bold.
He ran away to get his friends,
the police caught him, angry to the core.

Sometimes you just have to
hit the guy up beside the head
when in his mind he does not like you
because you look different.
Otherwise, the apparently weak will always
tempt the apparently strong,
or the apparently strong will always
see the apparently weak as such.

Those in the street jungle have many epithets,
two of which are not judgment and restraint.
The epinephrine rush plays for keeps,
focuses the mind and the hands, coordinates,
actualizing every fiber of one's body.
Nothing about one's self feels untouched,
the eyes appear ruptured.

No change here since the sixties,
except the propensity for violence.
When walking to the store nowadays
there is comfort in packing a gun.
Don't know if its use would be wise,
but if extremely necessary, perhaps so.

Comprensión en mi juventud

Golpeé a un muchacho de veintidós años,
lo golpeé hasta que se cayó al suelo cuando yo tenia dieciséis años.
Debe haber sido mi semblante
cuando caminaba a la tienda de la esquina.
Después se lanzó a mí desde su automóvil estacionado,
mis puños podían pelear mejor y con más audacia.
Él se escapó para buscar a sus amigos,
la policía lo capturó, enojado hasta los tuétanos.

A veces sólo tienes que
golpear al muchacho a un lado de la cabeza
cuando según él no le caes bien
porque te ves diferente.
De lo contrario, los que parecen débiles siempre
tentarán a los que parecen fuertes,
o los que parecen fuertes siempre
verán a los que parecen débiles como tal.

Aquellos en la selva de la calle reciben muchos epítetos,
dos de los cuales no son el criterio y la moderación.
La descarga de epinefrina actúa para vencer,
enfoca la mente y las manos, coordina,
actualiza cada fibra de nuestro cuerpo.
Nada de nuestro ser se siente intacto,
los ojos parecen rotos.

Aquí no hay cambio alguno desde los años sesenta,
excepto la propensión a la violencia.
Cuando camino a la tienda hoy
me siento reconfortado cargando una pistola.
No sé si su uso sería prudente,
pero si es necesario en extremo, tal vez sea así.

He needs to realize he should not
be much for war, either!
No one ever wins,
even in the short time of victory
in the minds of the winners.

Only if he learns as you
walk down the street
you are the same as he,
and vice versa,
but, sad to say
with only one God, will it end?
and that could be dangerous too.

¡Él necesita darse cuenta de que tampoco debería
ser tan partidario de la guerra!
Nunca nadie gana,
incluso en el breve período de la victoria
en la opinión de los vencedores.

Sólo si él aprende como tú
que al caminar por la calle
eres igual que él,
y viceversa,
pero, es triste decirlo
que con un solo Dios ¿terminará?
y eso sería peligroso también.

"There is a quiet spirit in these woods,..."
Longfellow

In memory of William Stafford

Without Regret

Time passed slowly after
the moment of your death,
as if everything was going
according to a planned length,
learning to listen, leaning in
with a sincere intent to reconcile
the art of language in discourse,
the art of participation in any episteme;
all feeling like a failed promise,
painful, but necessary to eschew history.

You taught me to meet reality,
actually, to let it reveal itself.
To fuse my circles
in a boundless participation
of perception beyond language.
To perceive the genesis of an object,
and the thought behind it.

You allowed me to imagine without penalty.
You said it was ok to follow my general insight.
You guided, helping me also to compress
intense insight and resonance
to a point of hard tension.

You taught me to see the tension,
to hold it still as language,
to vibrate it as poetry.

You taught me to just surrender to being,
surrender to the rose,
surrender to smoke's way,
surrender as a son to a father.
You taught me how to live in spite of the pain.
to liberate my heart in the light,
to move without restraint or regret.

Sin remordimiento

El tiempo pasó lentamente después del
momento de tu muerte,
como si todo fuera
según un lapso planeado,
aprendí a escuchar, me acerqué con
un sincero intento de conciliar
el arte del lenguaje en el discurso,
el arte de la participación en cualquier episteme;
todo el sentimiento como una promesa fallida,
dolorosa, pero necesaria para evadir la historia.

Tú me enseñaste a reconocer la realidad,
dejarla revelarse, en realidad.
Fusionar mis círculos
en una participación sin límite
de la percepción más allá del lenguaje.
Percibir la génesis de un objeto,
y la idea que representa.

Tú me permitiste imaginar sin castigo.
Dijiste que estaba bien que siguiera mi visión general.
Tú guiaste, me ayudaste también para condensar
la intensa perspicacia y resonancia
hasta un punto de fuerte tensión.

Me enseñaste a ver la tensión,
para mantenerla quieta como lenguaje,
vibrarla como poesía.

Me enseñaste a rendirme sólo para ser,
rendirme a la rosa,
rendirme a las costumbres del humo,
rendirme como un hijo a un padre.
Me enseñaste a vivir a pesar del dolor.
para liberar mi corazón a la luz,
para moverme sin restricción ni pesar.

Never Understanding

Some time ago I held an object
an artist created out of his spirit.
It meant more to me than to him.

He asked me if he could read my poetry one day,
which I prepared for him.
"Since you asked me to read your poetry,
I want to show you my art."
Who was confused here? The art was beautiful,
the contradiction, startling!

His life was trapped in a bounded circle.
Stepping out of the snare we created
in a manner of just living,
a banal discourse followed about his formed art.

He never read my poetry!

Sin nunca entender

Hace algún tiempo tuve en mis manos un objeto
que un artista creó de su espíritu.
Tenía más significado para mí que para él.

Me preguntó si podía leer mi poesía algún día,
que yo había preparado para él.
"Ya que me pidió que leyera su poesía,
quiero mostrarle mi arte".
¿Quién estaba confundido aquí? ¡El arte era hermoso,
la contradicción, asombrosa!

Su vida estaba atrapada en un círculo definido.
Al salir de la trampa que hemos creado
a modo de sobrevivencia,
siguió con un discurso banal de su arte formado.

¡Nunca leyó mi poesía!

Before It Snows

Sometimes you just have to stop and notice
when the grasses sway in the wind,
blowing from some invisible passion,
and the crows circle in the frigid air
catching gusts in the mid-December light.
You wonder how they stay warm up there.

The squirrels are down for the long slumber,
the Stellar jays have abandoned
the feeding station on the deck,
the peanuts go unclaimed.

Stepping outside can be a quick experience.
The crisp moisture frozen on the ground
give feet the fritz without socks in furry slippers.
The cordwood, stacked clean against the northern wall,
glistens with small frozen diamond drops of dew,
settled days before in shadows of the still, late afternoon.

The smell of smoke seen curling down
from the chimney lying gently aloft for a moment,
then whispering off entrained by the wind.
A shiver from old man winter over the back,
the occasional snow flake foreshadowing
what's to come, is a wisp from somewhere above.

The animals know, secure in their thickets,
as the light in the sky over the fields turns gray.

Something is about to happen!

Antes que nieve

A veces tienes que detenerte y observar
cuando los pastos se balancean al viento
que sopla desde alguna invisible pasión,
y los cuervos vuelan en circulo en el aire frígido
capturando ráfagas de viento en la luz de mediados de diciembre.
Te preguntas cómo se mantienen calientes allá arriba.

Las ardillas ya se acomodaron para el largo sueño,
han abandonado los arrendajos estelares
sus comedero en la tarima
no han reclamado el maní.

Dar un paso al exterior puede ser una experiencia rápida.
La humedad crujiente congelada en el suelo
hace que los pies sin calcetines en las pantuflas peludas sientan un choque.
La leña ya en cuerda, apilada limpiamente contra la pared del norte,
brilla con pequeños diamantes de gotas de rocío congelado,
asentadas días antes en las sombras quietas del atardecer.

El olor a humo que se ve enroscarse boca abajo
de la chimenea permanece suavemente por encima un momento,
luego con un susurro se arrastra por el viento.
Un escalofrío en la espalda del anciano invierno,
presagia los copos aislados de nieve
que están por venir, es un halo desde algún lugar de allá arriba.

Los animales saben, a salvo en sus matorrales,
mientras la luz en el cielo se torna gris sobre los campos.

¡Algo está a punto de suceder!

Roots That Bind

The roots tend to bind you together.
But, they tend to not hold firm after a while,
or did they just not have potential to tether
all the facets of your suspect smile?

It is so easy for good behavior
to nurture the best as we open our image,
from fear, ignorance, and suspicion we savor,
to the form, all we can do is envisage.

You are not fragile, but seem intent
to customize all that surrounds you
controlling the hell-bent foment
getting your way, in time, to accrue.

Thinking about the stories of yore
where The Lone Ranger, Tonto and Silver,
settled derisions and the score,
with the fervor of guiltless endeavor.

Their responses, easily expressed innocence,
the guilty sentenced and appeased with shame,
exposing mercy at the crimes' conference;
but, past memory is sterile, like the image of a kame.

Roots that rise upward in arching extensions,
an older way of being to yourselves content,
is never having to think in behavioral inventions,
about the firmament above you, so noble to ascend.

Roots that bind you together, too, bind us.
It takes effort to hold firm to the ether,
where life is derived, leafing from the buds' nexus;
to learn in every episteme what we can author.

Raíces que atan

Las raíces tienden a atarlos juntos.
Pero tienden a no sostenerse con firmeza después de un rato,
¿o es que simplemente no tenían el poder de atar
todas las facetas de tus sospechosas sonrisas?

Es tan fácil para la buena conducta
nutrir lo mejor mientras abrimos nuestra imagen a la forma,
por miedo, ignorancia y sospecha de saborear,
todo lo que podemos hacer es prever.

No eres frágil, pero pareces decidido
a personalizar todo a tu derredor
a controlar el rígido fomento
a salirte con lo tuyo, a tiempo, para acumular.

Al pensar en los cuentos de antaño
donde el Llanero Solitario, Tonto y Plata
vencían la burla y ajustaban cuentas,
con el fervor del esmero inocente.

Sus respuestas, fácilmente expresaban inocencia,
los culpables, condenados y con vergüenza aplacados,
exponen misericordia como la conferencia de delitos;
pero, la memoria del pasado es estéril, como la imagen de una pedrera.

Las raíces que se elevan en arqueadas extensiones,
una forma más antigua de saciarse por completo,
es nunca tener que pensar en invenciones de conducta,
en el firmamento más allá de uno, tan noble al ascender.

Las raíces que los unen, también nos unen.
Requiere esfuerzo sostenerse con firmeza en el éter,
donde se origina la vida, brotando hojas por el nexo de los capullos;
aprender en cada episteme de lo que podemos engendrar.

Pasternak, Brodsky, Locke and True Believers

The clarion call sounded,
and those many among them
looking into the mirror of stone,
turned into themselves and smiled.

The banal invention of them all,
a certainty lying in wait,
the dulcet, amorphous gel of persons
sublime in their true faith.

Chattering lines of speech,
a chortling parody of others,
a talent of sterile imitation,
in a sea of true believers.

Five hundred years since a great bard,
and now a modern poet warned us
of imitating morality on a grand scale
and exhorting individual demise.

We saw in two great tragedies
how those living life
and others ruled it,
passed into nothingness.

Passed, in the poisonous rapture
of the simple need to be lovers,
or forced into a gulag,
a meaningless return to dust.

It takes but a few moments
for a whole nation with freedom,
to be reduced to servitude
losing their singleness of life.

Pasternak, Brodsky, Locke y los verdaderos Creyentes

Sonó el toque del clarín
y aquellos tantos entre ellos
que al mirarse en el espejo de piedra,
se volvieron a sí mismos y sonrieron.

La invención banal de todos ellos,
una certidumbre a la expectativa,
la dulzura, la amorfa gelatina de personas
sublimes en su verdadera fe.

El parloteo de partes del discurso
una parodia que se ríe de los demás,
talento de imitación estéril,
entre un mar de verdaderos creyentes.

Hace quinientos años que un gran bardo,
y ahora un poeta moderno nos advirtió
de la imitación de la moralidad a gran escala
y del exhortar de la desaparición individual.

Vimos en dos grandes tragedias
como aquellos que viven la vida
y los otros que la rigen
pasaron a la nada.

En el rapto venenoso
de la simple necesidad de ser amantes,
o forzados a un gulag,
Pasaron, en un regreso sin sentido, al polvo .

Tarda sólo unos momentos
para que toda una nación libre,
sea reducida a la servidumbre
perdiendo su unicidad en la vida.

Economic pressure as a
social discipline of conformation,
exalts the ones who believe
only in the future's salvation.

For them today is unsatisfactory,
burdened with anxiety and frustrated self,
only the future, atoned for past sins,
can mitigate a depressive self-image.

Worshiping a leader of the grand scheme,
blemishes good people's integrity,
pitting them defenseless against lies penetrating
arrow striking at the heart of breathing.

The vanity of their self-importance,
is always exchanging a self-centered life,
for an apparent illusory, selfless form
invoking a genesis of higher self-esteem.

Ah, the holy cause is justified
for the lost faith in themselves,
claiming excellence for
all their meaningless concerns.

They must make existence a routine,
have the correct power of fear and appearance,
possess some nostalgic potent doctrine,
and have access to perceived power.

The adventure into their thoughts
is dangerous and exhausting
to one's spirit and energy,
like being disemboweled through starvation.

One empire is the same as another
once said a great poet,
who resisted one, only to find
himself in another.

La presión económica como
disciplina social de conformación,
exalta a los que creen
sólo en la salvación del futuro.

Para ellos hoy carece de satisfacción,
cargado de ansiedad y frustración propia,
sólo el futuro, expiado por pecados pasados,
puede mitigar una imagen propia de depresión.

Adorar a un líder de la gran intriga,
mancha la integridad de la gente buena,
al arrojarlos indefensos contra las mentiras de penetrantes
flechas que perforan al núcleo de la respiración.

La vanidad de su propia grandeza
siempre está intercambiando una vida egoísta
por una aparente forma ilusoria, desinteresada
que invoca una génesis de mayor autoestima.

Ah, la sagrada causa se justifica
por la pérdida de fe en sí mismos
reclaman excelencia para
todas sus preocupaciones sin sentido.

Deben hacer de la existencia una rutina,
tener el justo poder del miedo y la apariencia,
poseer alguna nostálgica doctrina poderosa,
y tener acceso al poder percibido.

Aventurarse al interior de sus pensamientos
es peligroso y agotador
para nuestro espíritu y energía,
como ser desentrañado por inanición.

Un imperio es igual a otro
una vez lo dijo un gran poeta,
que resistió a uno de ellos, sólo para encontrarse
en el otro.

Resistance is the key
when they inspect your soul,
to determine your life or death;
but not too close can only one survive.

Be steadfast in resistance and vocal,
for when they ask you
who made you this way,
answer, I think it was GOD,

as the famous line goes from one
who was exiled as an expatriate.
Our freedoms ring the irony
of government; first, it is evil.

And so it is with us here,
in our revolution to preserve
individual freedoms of life
with Jeffersonian ideals.

The banality of totalitarianism
has been tested before in our time,
and will be so again if we
ignore the clarion call.

It summons those who will follow
and also attempt to lead those who have
the most severe self-hate, who need
your existence for self-validation.

This is part of the human existence
that will be denied at every turn,
attempting to take hold of your life,
and turn it into their salvation.

For them the future is always better,
denying Locke is their mantra,
a clear pattern of self-renunciation,
denying you is their mission.

La resistencia es la clave
cuando inspeccionan el alma
para determinar tu vida o tu muerte;
pero sólo sin acercarse demasiado puede uno sobrevivir.

Ser firme en la resistencia y ruidoso
para que cuando te pregunten
quién te hizo de esta forma,
responderás, creo que fue Dios,

como dice la famosa frase de uno
que fue exiliado como un expatriado.
Nuestra libertad resuena la ironía
del gobierno; al principio, es perverso.

Y así es con nosotros aquí,
en nuestra revolución para preservar
las libertades individuales de la vida
con ideales jeffersonianos.

En nuestra época la banalidad del totalitarismo
ha sido probada antes,
y será así de nuevo si
ignoramos el toque del clarín.

Convoca a aquellos que seguirán
y también intentaran guiar a los que se odian
con severidad, que necesitan
tu existencia para darse validez a sí mismos.

Esto es parte de la existencia humana
que se negará a cada paso,
al intentar apoderarse de tu vida,
y convertirla en su salvación.

Para ellos el futuro siempre es mejor,
renegar a Locke es su mantra,
un claro patrón de renuncia de sí mismo,
renegarte es su misión.

For Emily and Jon
June 20, 2000

In Marriage May You Have

A commitment to think and be free,
first, within your mind.
For without the ability to see,
be skeptical and questions defined,
no sense of justice or fair play,
can survive in your marriage today.

Respect the commitments within each other,
in your work, as well as your spouse's character.
Stand aside, alone, and let the other confront his/her success
and burdens, not wavering in your support and love you confess.

Finally, no other ground is better than the ground
you are standing on. Do not entertain fear!
Walk the others' ground or perhaps climb their mountain unbound
    occasionally to see their view clear.
I guarantee the look around is not for each the same.
This is how you acquire the wisdom of love between yourselves to proclaim.

Para Emily y Jon
20 de junio, 2000

Que en el matrimonio encuentren

Un compromiso para pensar y ser libres
primero, dentro de sus mentes.
Ya que sin la capacidad de percibir,
ser escépticos y definir las preguntas,
sin ningún sentido de justicia o equidad
pueden sobrevivir en su matrimonio hoy.

Respeten los compromisos dentro de cada uno de ustedes
hacia su trabajo, así como con el carácter de su conyugue.
Háganse a un lado solos y dejen que el otro enfrente sus éxitos
y pesares, sin vacilar en su apoyo y amor que confiesan.

Finalmente, no hay otra tierra mejor que la tierra
que pisan. No le hagan caso al temor.
Pónganse en el lugar de los demás y tal vez de vez en cuando, suban a su
montaña sin limitaciones, para ver lo que ellos ven claramente.
Les garantizo que el panorama no es el mismo para cada uno.
Así es como se adquiere la sabiduría del amor para proclamar entre ustedes.

The Difference

The difference between the self-righteous and the righteous is,
one believes in a cause, and not necessarily in himself,
and one believes in himself, and not necessarily in a cause.

When we cannot see, we are still a witness.
A witness, who can tell the difference,
even in the light of the noonday sun.

La Diferencia

La diferencia entre el fariseo y el justo es
que uno cree en una causa y no necesariamente en sí mismo,
y el otro cree en sí mismo y no necesariamente en una causa.

Cuando no podemos ver, aun así somos testigos.
Testigos que pueden ver la diferencia,
incluso a la luz del sol del mediodía.

Afterword /Epílogo

When one begins the journey of writing poetry the route is ever shifting in nuance. The poem's ending never seems to have evolved from the original intent. Nothing in life is actually structured to meet nature's ultimate test of zero entropy, so why should a poem be any different? To frame a poem with elements structuring it so rigid as if it were a snapshot denies the historical importance of the moments that precede and come after the freezing of the idea.

Expressing an idea is an evolution of many parts of our brain. The more one has in it the more places a poem can look into for feeding itself, so it may speak to us in return. The poem speaks to us with language that sustains our spirits, long before the start and long after the finish, as if it doesn't have a beginning or an ending that is official. The poem is somewhere in between an antecedent and a descendant.

As others have discussed in the past about capability, trying to make clear who we are by rendering into poetry my thoughts has been, the most difficult task I have ever undertaken. I imagine others as they travel their landscape of inner most feelings and intellect have similar thoughts. The key for me is to not deny what I have witnessed nor think I am not full of contradictions. This gives me the power within I need to be truthful to myself and you. This makes seeing things as if in the light of the sun, even if darkness prevails, easier. It also makes being a "witness" less painful in those moments of clarity.

DWA February 2017

Epílogo /Epílogo

Cuando uno comienza la jornada de escribir poesía, la ruta siempre está cambiando en los matices. El final del poema nunca parece que haya evolucionado desde la intención original. Nada en la vida, en realidad, está estructurado como para encontrarse con la prueba definitiva de la cero entropía de la naturaleza, así que ¿por qué un poema debiera ser diferente? Al formular un poema con elementos que lo estructuran tan rígido como si se tratara de una foto instantánea, niega la importancia histórica de los momentos que lo preceden, y llegan después que la idea se haya congelado.

Expresar una idea es una evolución de muchas partes de nuestro cerebro. Mientras más tenga en él, más lugares tendrá el poema donde pueda buscar para alimentarse por sí mismo, para que así pueda hablarnos, a cambio; nos hable con el lenguaje que sustenta nuestro espíritu, desde mucho antes del comienzo y mucho más después del final, como si no tuviera un comienzo o un final que es oficial. El poema está en algún lugar entre un antecedente y un descendiente.

Tal como otros han discutido en el pasado sobre la capacidad de tratar de aclarar quienes somos por medio de la representación en poesía mis pensamientos, ha sido la tarea más difícil que he emprendido. Me imagino que otros al viajar por los paisajes de sus sentimientos más internos y de su intelecto, tienen pensamientos similares. La clave para mí es no negar lo que he visto ni pensar que no estoy lleno de contradicciones. Esto me da la fuerza interior que necesito para ser veraz conmigo y con ustedes. Esto hace ver las cosas bajo la luz del sol más fácil, aunque la oscuridad prevalezca. También ser un "testigo" resulta ser menos doloroso en aquellos momentos de claridad.

DWA, febrero, 2017

www.ingramcontent.com/pod-product-compliance
Lightning Source LLC
Chambersburg PA
CBHW051810040426
42446CB00007B/610